写给市民大众的——"安居万事通"丛书

编委会主任　董藩

房屋租赁知识问答

刘　毅　秦凤伟　编著

中国建筑工业出版社

图书在版编目(CIP)数据

房屋租赁知识问答/刘毅,秦凤伟编著.—北京:中国建筑工业出版社,2006
("安居万事通"丛书)
ISBN 7-112-08466-0

Ⅰ.房… Ⅱ.①刘…②秦… Ⅲ.房地产—租赁—中国—问答 Ⅳ.F299.233-44

中国版本图书馆CIP数据核字(2006)第119997号

"安居万事通"丛书
房屋租赁知识问答
刘 毅 秦凤伟 编著

*

中国建筑工业出版社出版、发行(北京西郊百万庄)
新 华 书 店 经 销
北京天成排版公司制版
北京建筑工业印刷厂印刷

*

开本:850×1168毫米 1/32 印张:6⅝ 字数:183千字
2006年11月第一版 2006年11月第一次印刷
印数:1—3,000册 定价:**16.00**元
ISBN 7-112-08466-0
(15130)

版权所有 翻印必究
如有印装质量问题,可寄本社退换
(邮政编码 100037)
本社网址:http://www.cabp.com.cn
网上书店:http://www.china-building.com.cn

"安居万事通"丛书包括《房屋买卖知识问答》、《房屋租赁知识问答》、《房屋中介知识问答》、《家居装修知识问答》、《物业管理知识问答》、《置业安居法律知识问答》共6册，基本囊括了城市居民安居置业可能遇到的所有常规问题。本书以问答的形式，简明扼要地介绍了房屋租赁的前期准备、房屋租赁中介、几类特殊房屋的租赁、廉租房租赁、房屋租赁合同、房屋租赁中的违约行为及侵权行为、房屋租赁的行政管理、房屋租赁的纠纷及其解决方式等内容。

本书可为市民出租、求租房屋提供咨询和指导，也可为房屋租赁管理部门参考借鉴。

* * *

责任编辑：吴宇江　封　毅
责任设计：赵明霞
责任校对：张景秋　王雪竹

"安居万事通"丛书
编委会

(按汉语拼音为序)

顾问	胡代光	胡健颖	胡乃武	饶会林
	王健林	邬翊光	杨　慎	郑超愚
主任	董　藩			
编委	刘　毅	王宏新	姚蓉蓉	周小萍
作者	丁　宏	丁　娜	董　藩	范　萍
	李　静	李亚勋	刘人莎	刘　毅
	秦凤伟	王　昊	王宏新	武　敏
	徐　轲	姚蓉蓉	张健铭	周小萍

顾问简介（按汉语拼音为序）

胡代光 著名经济学家、教育家，北京大学经济学院、西南财经大学经济学院教授、博导，曾任北京市经济总会副会长、民革中央第六届、第七届常委，第七届全国人大常委，享受国务院特殊津贴。

胡健颖 著名经济学家、统计学家、营销管理专家、房地产管理专家，北京大学光华管理学院教授、博导，北京大学房地产经营与管理研究所所长，建设部特聘专家，北京布雷德管理顾问有限公司首席顾问。

胡乃武 著名经济学家、教育家，中国人民大学经济学院教授、博导，中国人民大学学术委员会副主任，北京市经济总会副会长，国家重点学科国民经济学学术带头人，享受国务院特殊津贴。

饶会林 著名经济学家，东北财经大学公共管理学院教授、博导，中国城市经济学会副会长兼学科建设委员会主任，中国城市经济学的开拓者之一，享受国务院特殊津贴。

王健林 著名企业家，中国房地产业协会副会长，大连万达集团股份有限公司董事长兼总裁，中国西部地区开发顾问，多个省、市政府顾问，入选"20年20位影响中国的本土企业家"，为中国房地产业旗帜性人物。

邬翊光　著名地理学家、土地资源管理专家、房地产管理专家，北京师范大学地理学与遥感科学学院教授，中国房地产估价师学会顾问，中国土地估价师学会顾问。

杨　慎　著名房地产管理专家，原建设部副部长、中国房地产业协会会长，中国住房制度改革、房地产业发展和中国房地产法制建设的主要设计者、推动者之一。

郑超愚　著名经济学家，中国人民大学经济研究所所长、教授、博导，霍英东青年教师研究基金奖和中经报联优秀教师奖获得者，美国福布赖特基金高级访问学者。

序　言

　　2005年年底，曾接到中国建筑工业出版社吴宇江、封毅两位编辑的邀请，他们希望北京师范大学房地产研究中心与其一起对普及房地产基础知识、推动房地产财经教育做些事情。虽然至今未能同两位编辑面对面畅谈，但多次的电话和E-mail联系使我深深感到：已经很少有这样执着、认真、坦诚的编辑了，如果没有合作的机会，是很遗憾的。

　　对于写些什么样的书，我思考了很长时间。按理说教材销量稳定，在业内的影响大，也算正经的科研成果，是值得考虑的。但我和我的合作者讨论后最终决定给普通市民写一套关于安居知识的简易读物。做出这种决定不是源于收益或者科研成果方面的考虑，而是希望帮助普通市民做些事情。

　　由于我和我的同事是从事房地产教学和科研工作的，所以朋友、同学、邻居们经常就安居置业问题向我们问这问那。有些问题并不难，只是大家不知道一些专业上的规定；有些则需要具备比较系统的专业修养才能回答；有些我们也需要仔细查阅规定或者整理各方意见才能准确回答。有时我们到楼盘或小区调查，看到看房者拿着材料茫然地看着，或者看到楼盘销售人员不停地忽悠看房者，或者看到一家人在认真地讨论着并不重要或者不是那么回事的事情，或者看到要求退房的人与售楼人员争吵，或者看到业主们从楼上垂下维权条幅，并与物业管理人员争吵着，我就想，如果广大市民对安居置业的专业知识掌握得多一些，或者有一些针对这些问题的简明专业手册可以事先查阅，许多问题的解决思路就很清楚，许多矛盾就可以避免，大家在许多事情上就会更有主见。虽然我们有时可以给身边的咨询者提供零星帮助，但一个人的时间、精力都有限,而且有时找我们不方便,不认识的人甚至无法直接从我们这里获得帮助。如果我们把相关规定、解释以及一些经验性知识整理成书,一切问题就会迎刃而解。这就是我们编写这套"安居万事通"丛书的基本目的。

这套丛书包括《房屋买卖知识问答》、《房屋租赁知识问答》、《房屋中介知识问答》、《家居装修知识问答》、《物业管理知识问答》、《安居置业法律知识问答》共6册,基本囊括了城市居民安居置业可能遇到的所有常规问题。编写工作由北京师范大学房地产研究中心的各位同事、我在北京师范大学和东北财经大学两校的高素质学生以及房地产实业界声誉颇高的从业者共同完成。由于时间、精力原因,这套丛书可能还存在这样那样的问题,我们欢迎大家批评指正,以便进一步修订、完善。

董 藩

2006年8月

前　言

随着我国国民经济的发展、人口结构的改变和城市化进程的加快，房屋租赁在社会生活中的重要性逐渐浮现出来。建设部多次表示，房屋租赁市场是房地产市场的重要组成部分，规范其发展对于完善住房供应体系、健全住房保障制度、解决城镇居民住房问题和促进房地产业的持续健康发展具有重要意义。

然而，房屋租赁市场的发展也带来许多社会问题。如因租赁合同订立的程序、形式不规范而导致的纠纷；因租赁双方缺乏对各自权利义务的正确认识而诱发的矛盾；租赁房屋在容纳大量流动人口的同时带来的治安问题；以及房屋租赁市场税收的严重流失等。这些问题不仅关系到城市千家万户的生活秩序，而且影响着城市的吸引力。

那么，如何促进房屋租赁市场的良性发展呢？我们认为，不外两点：一是提高民众法律素养，二是增强机关管理力度。提高民众素养，就需要广大承租人和出租人清楚地了解房屋租赁相关法律法规的规定，知道自己在房屋租赁法律关系中享有的权利和承担的义务，如何防止房屋租赁纠纷，或者遇到纠纷时如何维护自己的利益。这是我们编写这本《房屋租赁知识问答》的初衷，也是最真诚的心愿。增强机关管理力度，则需要相关主管部门认清各自在房屋租赁市场中的管理权限，互相配合，多从租赁双方的角度考虑问题，简化行政程序，加大执法力度。其实我们在编写这本书的过程中也在思考，租赁双方不愿备案是否与备案成本较高有关，税收流失过大是否直接受税率过高的影响，租赁双方的纳税成本是否在行政机关的考虑之列等。希望行政机关也能从这本书中得到一些启发。

本书以遵循《合同法》中关于租赁的立法宗旨和理念为前提，以房屋租赁的相关行政立法为指导，追求实用性和指导性。以问答的形式，简明扼要地介绍了房屋租赁的前期准备、房屋租赁中介、几类特殊房屋租赁、廉租房租赁、房屋租赁合同、房屋租赁中的违约行为、侵权行为、房屋租赁的行政管理、房屋租赁的纠纷及其解决方式等内容，希望对广大市民和管理者有所帮助。

本书由北京师范大学房地产研究中心刘毅女士和东北财经大学法学院秦凤伟先生担任主编。本书共分7章，各章分工如下：刘毅撰写了第1、5、6、7章，秦凤伟撰写了第2、4章，金丹女士撰写了第3章，丁娜、范萍、李亚勋参与了部分问答的写作，刘毅负责最后的修改、统稿。在写作过程中，我们参考了许多学者的著作、教材和论文，也参考了很多网络佚名资料，在此对这些作者致以深深的谢意。另外，衷心感谢中国建筑工业出版社的大力支持。感谢丛书编委会主任、北京师范大学管理学院博士生导师董藩教授提供的各种帮助。由于时间和水平所限，错误和不妥之处在所难免，欢迎广大读者批评指正。

刘　毅　秦凤伟

2006年9月

目 录

第1章 房屋租赁前的准备工作 ································· 1
1.1 什么叫房屋租赁？ ·· 1
1.2 如何租到合适的房子？ ·· 2
1.3 网上租房和中介租房各有什么优劣？ ····················· 3
1.4 怎样跟中介公司打交道？ ····································· 4
1.5 未取得所有权证的房屋可以出租吗？ ····················· 6
1.6 已被司法机关或行政机关查封的房屋
  可以出租吗？ ·· 6
1.7 已列入拆迁范围的房屋可以出租吗？ ····················· 7
1.8 已被鉴定为危险的房屋可以出租吗？ ····················· 7
1.9 还有哪些房子是不能租的？ ·································· 8
1.10 按揭房屋能够出租吗？ ······································ 8
1.11 如何辨别真假出租人？ ······································ 8
1.12 怎样识别真假房屋权属证书？ ····························· 9
1.13 租房谈判时，房东夫妻一方同意就行吗？ ············ 10
1.14 出租私房要办理哪些手续？ ······························ 10
1.15 出租人必须了解承租人的情况吗？ ····················· 11
1.16 向外地来京人员出租房屋需要办理哪些
   手续？ ·· 12
1.17 出租人准备出租住房时可以采取什么预防
   措施？ ·· 12
1.18 合租有哪几种方式？ ······································· 12
1.19 合租房屋，如何选择室友？ ······························ 13
1.20 合租房屋有哪些要注意的技巧？ ························ 14

1.21	合租房屋，如何与室友对细节问题进行约定？	14
1.22	租用非独立成套的房屋应该注意哪些问题？	15
1.23	租房前看房要注意哪些问题？	15
1.24	住宅用房和经营性用房的租赁有何不同？	17
1.25	租用写字楼的大体流程是怎样的？	18
1.26	商铺预租应具备哪些条件？	18
1.27	什么是售后包租？	19
1.28	商品房预租的含义是什么？	20
1.29	商品房预租应注意哪些问题？	20
1.30	要出租的房屋装修时有哪些原则？	21
1.31	要出租的房屋怎样装修才合算？	22
1.32	租房过程中如何杀价？	22

第2章 房屋租赁中介机构 …… 24

2.1	房地产中介服务的主管机关是谁？	24
2.2	设立房地产中介服务机构应当具备哪些条件？	24
2.3	如何办理申请设立房地产中介服务机构？	26
2.4	从事房屋租赁的房地产经纪人应当具备哪些相关知识？	26
2.5	合格的房屋租赁中介机构应该有哪两证？	28
2.6	房屋租赁中介服务合同应当包括哪些主要内容？	28
2.7	订立房屋租赁中介服务合同时，应当注意哪些问题？	29
2.8	房屋租赁中介机构应当履行哪些义务？	29
2.9	房屋租赁中介机构的服务人员在中介活动中不得从事哪些行为？	30
2.10	房屋租赁中介服务收费应坚持什么原则？	31
2.11	房屋租赁中介机构可以收取哪些费用？	31
2.12	承租人可以向房屋租赁中介机构要发票吗？	32
2.13	什么是房屋租赁居间？	32

2.14	房屋出租居间的操作流程如何?	33
2.15	房屋承租居间的操作流程如何?	34
2.16	什么是房屋租赁代理?	36
2.17	现房租赁代理应注意哪些问题?	37
2.18	如何进行商品房预租代理?	38
2.19	什么是商品房先租后售代理?	38
2.20	房地产经纪人接受商品房先租后售代理应注意哪些问题?	39
2.21	房屋租赁代理合同的主要内容包括哪些?	39
2.22	房地产经纪人了解房屋的基本途径有哪些?	40
2.23	房地产经纪人查验房屋应从哪些方面着手?	41
2.24	哪些从事房屋租赁中介业务的人员不受客户欢迎?	42
2.25	出租人与房屋租赁中介机构是什么关系?	43
2.26	房屋租赁中介机构可以代表出租人与承租人订立房屋租赁合同吗?	43
2.27	因出租人提供的信息有误而给承租人造成损失的,该怎么办?	44
2.28	承租人与房屋租赁中介机构是什么关系?	44
2.29	承租人能否绕过房屋租赁中介机构直接和出租人订立房屋租赁合同?	44
2.30	在上一种情况下,承租人也需向中介机构支付中介费吗?	45
2.31	承租人如何避免房屋租赁中介机构不按照其要求介绍房源?	45
2.32	如何在房屋租赁居间或代理合同中约定与费用有关的事项?	45
2.33	房屋租赁中介机构没有找到房子,承租人还用交费吗?	45
2.34	房屋租赁中介机构能否将中介业务转委托?	46

2.35 房屋租赁中介机构将业务转委托给其他中介
机构的,应注意哪些事项? ················· 47
2.36 消费者应如何防范非法房屋租赁中介机构? ······· 47
2.37 如何防范房屋租赁中介机构利用虚假广告
欺骗消费者? ························ 48
2.38 什么是"房屋银行"? ···················· 48
2.39 "房屋银行"具有哪些优点? ················ 49
2.40 "房屋银行"的具体操作流程如何? ············ 49
2.41 "房屋银行"模式的精髓是什么? ············· 50

第3章 可租赁的房屋 ························ 51

3.1 可租赁的房屋如何分类? ·················· 51
3.2 什么是公房租赁? ······················ 52
3.3 符合什么条件的已购公房才能出租? ··········· 53
3.4 哪些已购公房不能出租? ·················· 53
3.5 按照房改标准价格购买的公房可以出租吗? ······· 54
3.6 谁可以将已购公房出租? ·················· 54
3.7 出租人如果将所租住的公房作为廉租房转租,
需要经过单位同意吗? ··················· 54
3.8 有两个以上家庭共同承租公房的,住房面积
如何核定? ·························· 55
3.9 公房变更为由子女承租的,如何核定住房
面积? ····························· 55
3.10 职工承租不可售公房的,是否可以享受住房
补贴? ···························· 55
3.11 同时承租可售公房和不可售公房的,住房面积
如何计算? ·························· 56
3.12 在原工作地已承租公房的调京干部,住房补贴
如何计发? ·························· 56
3.13 在原工作地没有承租公房的调京干部,住房补贴
如何计发? ·························· 56

目 录

- 3.14 什么情况下,离婚的夫妻均可承租共同居住的公房? …………………………………………… 57
- 3.15 对夫妻双方均可承租的公房,离婚时应依照什么原则处理? …………………………………… 57
- 3.16 在享受工龄优惠后所购公房是否属夫妻共同财产? ……………………………………………… 57
- 3.17 承租的公房能继承吗? ………………………… 58
- 3.18 公房承租人死亡后,其承租的公房如何处理? …………………………………………………… 58
- 3.19 什么是城镇廉租住房? ………………………… 59
- 3.20 城镇廉租住房的主管部门是谁? ……………… 59
- 3.21 申请廉租住房的家庭应当具备哪些条件? …… 59
- 3.22 申请城镇廉租住房的程序如何? ……………… 60
- 3.23 城镇廉租住房的保障方式有哪些? …………… 62
- 3.24 城镇廉租住房保障资金的来源有哪些? ……… 62
- 3.25 实物配租的廉租住房的来源有哪些? ………… 63
- 3.26 已准予租赁住房补贴的家庭应当如何办理手续? …………………………………………………… 63
- 3.27 已准予实物配租的家庭应当如何办理手续? … 64
- 3.28 已准予租金核减的家庭应当如何办理手续? … 64
- 3.29 享受廉租住房待遇的最低收入家庭应如实申报哪些内容? ………………………………………… 65
- 3.30 不再符合租住廉租住房条件而继续租住的,应如何处理? ………………………………………… 65
- 3.31 哪些情况可以导致城镇廉租住房保障资格的取消? …………………………………………………… 65
- 3.32 法律法规对城镇廉租住房租金有什么规定? … 66
- 3.33 什么是经济适用住房? ………………………… 67
- 3.34 申请承租经济适用住房的条件是什么? ……… 67
- 3.35 如何申请承租经济适用住房? ………………… 68

3.36 军队房屋可以出租吗? ………………………………… 69
3.37 租住军产房的住户,其租金的计租原则是
      什么? …………………………………………………… 70
3.38 租住军产房的住户,住房租金是如何计算的? … 70
3.39 租住军产房的住户,新租金额和平均租金是
      如何计算的? …………………………………………… 72
3.40 租住军产房的住户,新房新租金是如何
      计算的? ………………………………………………… 72
3.41 租住军产房的住户,超标准住房加收租金是
      如何计算的? …………………………………………… 72
3.42 租住军产房的住户,减免租金是如何
      计算的? ………………………………………………… 73
3.43 租住军产房的住户,住房实交租金额是如何
      计算的? ………………………………………………… 73
3.44 租住军产房的烈遗属,住房租金是如何
      计算的? ………………………………………………… 73
3.45 地方人员租住军产房的,住房租金是如何
      计算的? ………………………………………………… 74
3.46 军队转业干部在什么情况下应当退还租住的
      军产住房? ……………………………………………… 74
3.47 军队转业干部可以租住周转住房吗? ………… 74
3.48 军队转业干部如何申请租住周转住房? ………… 75
3.49 军队转业干部的配偶已租住地方住房的,住房
      补贴应如何发放? ……………………………………… 75
3.50 什么是住宅合作社和合作住宅? ………………… 76
3.51 合作住宅可以出租吗? ……………………………… 76

第4章 房屋租赁合同 ………………………………… 77
  4.1 什么是房屋租赁合同? …………………………… 77
  4.2 作为房屋租赁合同标的物的房屋应符合什么
      要求? …………………………………………………… 78

目 录

4.3 房屋租赁合同必须以书面形式订立吗？ ………… 78
4.4 未办理登记备案手续，是否影响房屋租赁
合同的效力？ …………………………………… 79
4.5 什么是公房租赁合同与私房租赁合同？ ………… 80
4.6 什么是住宅用房租赁合同、办公用房租赁合同、
生产经营用房租赁合同？ ………………………… 80
4.7 如何理解订立房屋租赁合同要遵守平等互利、
协商一致的原则？ ………………………………… 81
4.8 订立房屋租赁合同为什么要遵循等价有偿的
原则？ ……………………………………………… 81
4.9 订立房屋租赁合同的当事人的民事行为能力有
哪些要求？ ………………………………………… 82
4.10 如何理解订立房屋租赁合同的双方当事人的
意思表示必须真实？ ……………………………… 82
4.11 为什么说房屋租赁合同的内容不得违反法律、
行政法规？ ………………………………………… 83
4.12 为什么说房屋租赁合同的内容不得损害社会
公共利益？ ………………………………………… 83
4.13 订立房屋租赁合同应当准备哪些证件？ ………… 83
4.14 可以订立无限期的房屋租赁合同吗？ …………… 84
4.15 法律对不定期房屋租赁合同有什么特殊规定？ … 84
4.16 公房租赁对出租人有什么限制？ ………………… 85
4.17 公房租赁对承租人有什么限制？ ………………… 85
4.18 私房租赁对出租人有什么限制？ ………………… 86
4.19 私房租赁对承租人有什么限制？ ………………… 86
4.20 房屋租赁合同应当包括哪些内容？ ……………… 86
4.21 在房屋租赁合同中，记载当事人姓名或名称
及住所应注意什么？ ……………………………… 87
4.22 在房屋租赁合同中，如何对租赁房屋进行
约定？ ……………………………………………… 87

4.23 在房屋租赁合同中,如何约定租赁房屋的
     用途? ………………………………………… 88
4.24 在房屋租赁合同中,如何约定租金? ………… 88
4.25 对于租金以外的其他费用的负担应当如何
     约定? ………………………………………… 89
4.26 在房屋租赁合同中,如何约定房屋修缮责任? … 89
4.27 当事人可以约定变更、解除与终止合同的
     条件吗? ……………………………………… 90
4.28 在房屋租赁合同中,当事人约定违约责任应
     注意什么? …………………………………… 90
4.29 在房屋租赁合同中,当事人约定违约金应
     注意什么? …………………………………… 91
4.30 在房屋租赁合同中,当事人约定的其他条款包括
     哪些内容? …………………………………… 92
4.31 订立公房租赁合同的程序如何? ……………… 92
4.32 订立私房租赁合同的程序如何? ……………… 92
4.33 在订立房屋租赁合同时,承租人审查出租人
     主体资格时应当注意什么? ………………… 93
4.34 在订立房屋租赁合同时,出租人审查承租人
     的主体资格时应当注意什么? ……………… 93
4.35 作为房屋租赁合同的出租人享有哪些权利? … 94
4.36 作为房屋租赁合同的出租人应当履行哪些
     义务? ………………………………………… 95
4.37 在房屋租赁合同中,承租人享有哪些权利? … 96
4.38 在房屋租赁合同中,承租人应当履行哪些
     义务? ………………………………………… 97
4.39 什么是格式条款? ……………………………… 98
4.40 出租人采用格式条款订立房屋租赁合同应注意
     哪些事项? …………………………………… 98
4.41 格式条款在什么情形下无效? ………………… 99

- 4.42 房屋租赁合同的效力及于租赁房屋占用范围内的土地使用权吗? ⋯⋯⋯⋯⋯⋯⋯⋯⋯⋯⋯⋯ 100
- 4.43 碰到"一屋两租"的情况时,承租人应如何维护自己的租赁权益? ⋯⋯⋯⋯⋯⋯⋯⋯⋯⋯⋯⋯ 100
- 4.44 承租房屋被他人占用且已到期,但拒绝搬迁的,承租人应该如何处理? ⋯⋯⋯⋯⋯⋯⋯⋯⋯⋯ 102
- 4.45 租房期间物价上涨,出租人可以要求增加租金吗? ⋯⋯⋯⋯⋯⋯⋯⋯⋯⋯⋯⋯⋯⋯⋯⋯⋯⋯ 103

第5章 房屋租赁的日常生活 ⋯⋯⋯⋯⋯⋯⋯⋯⋯ 104

- 5.1 什么是租赁房屋交付? ⋯⋯⋯⋯⋯⋯⋯⋯⋯⋯⋯ 104
- 5.2 在房屋交验过程前,出租人应该做好哪些准备? ⋯⋯⋯⋯⋯⋯⋯⋯⋯⋯⋯⋯⋯⋯⋯⋯⋯⋯ 104
- 5.3 房屋出租人能向承租人收取房屋租赁押金吗? ⋯ 105
- 5.4 出租人不能按时交付房屋怎么办? ⋯⋯⋯⋯⋯⋯ 105
- 5.5 房屋交付时没有达到合同约定的交付条件怎么办? ⋯⋯⋯⋯⋯⋯⋯⋯⋯⋯⋯⋯⋯⋯⋯⋯⋯ 106
- 5.6 房屋交付时存在缺陷怎么办? ⋯⋯⋯⋯⋯⋯⋯⋯ 106
- 5.7 租赁房屋上设定抵押,对房屋租赁合同与租赁各方当事人的权利有何影响? ⋯⋯⋯⋯⋯⋯⋯ 106
- 5.8 房屋交付后,如果遇拆迁应该怎么办? ⋯⋯⋯⋯ 107
- 5.9 如果租用了法律禁止出租的房子怎么办? ⋯⋯⋯ 107
- 5.10 什么是"买卖不破租赁原则"? ⋯⋯⋯⋯⋯⋯⋯ 108
- 5.11 什么是优先购买权? ⋯⋯⋯⋯⋯⋯⋯⋯⋯⋯⋯ 108
- 5.12 承租人和房屋共有人都主张优先购买权,该怎么办? ⋯⋯⋯⋯⋯⋯⋯⋯⋯⋯⋯⋯⋯⋯⋯⋯ 109
- 5.13 局部承租人是否可以主张整个租赁房屋的优先购买权? ⋯⋯⋯⋯⋯⋯⋯⋯⋯⋯⋯⋯⋯⋯⋯ 110
- 5.14 房屋使用过程中产生的收益归谁所有? ⋯⋯⋯ 110
- 5.15 房屋交付后,承租人能够改变房屋的用途吗? ⋯⋯⋯⋯⋯⋯⋯⋯⋯⋯⋯⋯⋯⋯⋯⋯⋯⋯ 110

5.16 出租人迟迟不肯维修房屋，承租人可以拒付
     房租吗？……………………………………… 111
5.17 在租赁合同履行过程中，发现承租人资信出了
     问题，该怎么办？…………………………… 111
5.18 房屋交付后，哪些情况下租赁双方可以解除
     合同且均不需承担违约责任？……………… 112
5.19 因第三人的原因导致房屋存在瑕疵，承租人
     可否要求出租人减少租金？………………… 113
5.20 房屋租赁期间，第三人对房屋进行侵害，承租人
     可否直接向侵权人主张权利？……………… 113
5.21 住房公积金可以支付房租吗？……………… 114
5.22 房屋交付后，承租人延期交付租金或不支付租
     金怎么办？…………………………………… 114
5.23 承租人拒不交租金，出租人有哪些措施？…… 115
5.24 出现纠纷，出租人对租赁房屋断电、断水了
     怎么办？……………………………………… 115
5.25 承租人没有交纳物业费，物业公司有权要求
     出租人付款吗？……………………………… 116
5.26 租金标准如何确定？………………………… 116
5.27 划拨国有土地上建成的房屋出租的，租金
     如何处置？…………………………………… 116
5.28 什么是房屋转租？…………………………… 117
5.29 承租人如何才能转租房屋呢？……………… 117
5.30 转租方对房屋造成的损坏，应该由谁来承担
     赔偿责任？…………………………………… 118
5.31 转租以后的增值租金应归谁所有？………… 118
5.32 转租和承租权的转让是一回事吗？………… 118
5.33 承租人应当如何办理续租手续？…………… 119
5.34 承租人没有办理续租手续会怎样呢？……… 119
5.35 承租人能提前退租吗？如果提前退租，应当

目 录

	提前多长时间通知出租人？……………	120
5.36	房屋交付后，承租人能够对房屋进行装修吗？……………………………………	120
5.37	什么是免租装修期？……………………	120
5.38	对于承租人来说，对租赁房屋进行装修，要注意哪些问题？…………………………	121
5.39	对于承租人来说，对租赁房屋进行装修时，有哪些技巧？………………………………	122
5.40	对于承租人来说，对租赁房屋装修时，如何选择装修公司？………………………………	122
5.41	对于承租人来说，对租赁房屋装修时，怎样签订装修合同？………………………………	122
5.42	与物业管理单位签订的《住宅室内装饰装修管理服务协议》有哪些内容？…………………	123
5.43	《住宅室内装饰装修书面合同》包括哪些主要内容？…………………………………………	124
5.44	《住宅室内装饰装修管理办法》对室内环境质量有哪些要求？………………………………	124
5.45	《住宅室内装饰装修管理办法》对竣工验收与保修有哪些要求？……………………………	125
5.46	当租赁关系终止时，装修物该如何处理？………	125
5.47	房屋租赁有哪些保险可以投保？…………	127
5.48	房屋租赁到期，承租人逾期不返还房屋该怎么办？………………………………………	128
5.49	能否提前终止房屋租赁合同？……………	128
5.50	房屋租赁期内，出租人提前收回出租房应该遵守什么原则？…………………………………	129
5.51	房屋租赁期内，承租人提前退租应该遵守什么原则？…………………………………………	130
5.52	房屋租赁期内，承租人突然死亡，合同还	

有效吗？ ……………………………………………… 130
5.53 如果出租人死亡，合同还有效吗？出租人的家人
　　 可以收回房屋吗？ ……………………………… 130
5.54 房屋租赁期满或者合同解除后，双方应该
　　 办理哪些相应的手续进行房屋的返还？ ……… 131
5.55 城市生活垃圾应如何处理？ …………………… 131
5.56 单位处理产生的生活垃圾，有哪些特殊
　　 要求？ …………………………………………… 132
5.57 国家对城市生活垃圾的清扫、收集、运输和
　　 处理的服务是否实行收费制度？ ……………… 132

第6章 房屋租赁的行政管理 ……………………… 133

6.1 房屋租赁涉及到哪些行政管理部门？ …………… 133
6.2 什么是房屋租赁登记备案制度？ ………………… 135
6.3 申领《房屋租赁证》需准备哪些材料？ ………… 136
6.4 办理房屋租赁登记备案有哪几个步骤？ ………… 136
6.5 房屋租赁合同变更或者期满、解除的，也需
　　 备案吗？ …………………………………………… 137
6.6 涉外房屋租赁的登记备案有什么特殊要求吗？ … 137
6.7 在办理房屋租赁登记备案时，手续费如何
　　 缴纳？ ……………………………………………… 138
6.8 来京人员租赁私房合同登记备案手续费如何
　　 缴纳？ ……………………………………………… 138
6.9 违反租赁房屋登记备案制度，将受到哪些
　　 处罚？ ……………………………………………… 138
6.10 办理房屋租赁合同公证有哪些好处？ ………… 139
6.11 怎样办理房屋租赁合同公证？ ………………… 139
6.12 房屋出租人有哪些治安责任？ ………………… 140
6.13 房屋承租人有哪些治安责任？ ………………… 141
6.14 拒不承担治安责任的，会受到哪些处罚？ …… 141
6.15 还有哪些与房屋租赁相关的违法犯罪行为

目　录

	需警惕？ ……………………………………………	142
6.16	强行将法律规定禁止出租的房屋出租的，会受到哪些处罚？ ……………………………………………	143
6.17	房屋租赁的当事人对住宅室内进行装饰装修活动，哪些行为是被禁止的？ ……………………………	144
6.18	违规装修会受到哪些处罚？ …………………………	145
6.19	装修相关的单位与个人，需注意哪些法律问题？ …………………………………………………	145
6.20	廉租住房申请人对审核结果、轮候结果、配租结果有异议的，怎么办？ ………………………………	146
6.21	出现什么情况时，房地产行政主管部门可以取消城镇廉租住房保障资格？ ……………………	146
6.22	申请廉租住房时违反规定，会有什么处罚？ ……	147
6.23	哪些行为，由市容环境卫生行政主管部门给予处罚？ ……………………………………………	147
6.24	房屋租赁中的纳税人是谁？ …………………………	148
6.25	出租人纳税有什么特殊规定吗？ ……………………	149
6.26	个人出租房屋，需要缴纳哪些税费？ ……………	149
6.27	外籍人士如将位于中国的房屋出租，需如何纳税？ …………………………………………………	149
6.28	北京市对房屋租赁税费征收有什么特殊规定？ …………………………………………………	150
6.29	企业出租房屋的，缴纳的税费如何计算？ ………	151
6.30	行政机关、事业单位、社会团体出租房屋的，缴纳的税费如何计算？ …………………………	151
6.31	如果是外国企业出租中国境内房屋、建筑物的，应如何纳税？ …………………………………	152
6.32	房屋租赁指导租金是租金管制吗？ ………………	152
6.33	房屋租赁指导租金有什么作用？ …………………	153

第7章　房屋租赁纠纷的处理 ………………………………… 155

7.1 房屋租赁纠纷主要有哪些类型？ ………………… 155
7.2 房屋租赁纠纷处理的依据有哪些？ ……………… 156
7.3 通过协商解决房屋租赁纠纷有哪些利弊？ ……… 158
7.4 什么叫做房屋租赁纠纷的调解？ ………………… 159
7.5 房屋租赁纠纷调解应遵循哪几个原则？ ………… 159
7.6 什么叫做房屋租赁纠纷的行政调处？ …………… 160
7.7 行政调解的原则是什么？ ………………………… 160
7.8 通过行政裁决来解决房屋租赁纠纷有哪些
　　 特点？ ……………………………………………… 161
7.9 房屋租赁纠纷中，当事人如果对行政行为
　　 不服的，如何进行行政复议？ …………………… 162
7.10 房屋租赁纠纷采取仲裁方式解决有哪些优
　　　越性？ …………………………………………… 163
7.11 如何签订有效的仲裁协议？ …………………… 164
7.12 什么是无效的仲裁协议？ ……………………… 165
7.13 仲裁协议对纠纷当事人、法院及仲裁机构有何
　　　约束力？ ………………………………………… 166
7.14 仲裁裁决可以强制执行吗？ …………………… 166
7.15 哪些情况下会导致人民法院撤销仲裁裁定？ … 167
7.16 人民法院在审理房屋租赁纠纷案件时应当遵循
　　　哪些原则？ ……………………………………… 167
7.17 《民事诉讼法》对起诉和受理有哪些规定？ … 168
7.18 如果租住公房的出租人和承租人发生了纠纷，
　　　出租人有权起诉吗？ …………………………… 169
7.19 人民法院需在开庭前做好哪些准备工作？ …… 169
7.20 开庭审理的程序是怎么样的？ ………………… 169
7.21 如何进行上诉？ ………………………………… 170
7.22 什么叫做申诉，如何进行？ …………………… 171
7.23 一方拒不执行法院判决的，该怎么办？ ……… 171
7.24 租赁双方或一方要去法院起诉，有时效

　　　　限制吗？……………………………………… 171
　7.25 超过了诉讼时效，会有什么后果吗？………… 172
　7.26 什么叫诉讼时效期间的中止？………………… 172
　7.27 什么叫诉讼时效期间的中断？………………… 173
　7.28 什么叫诉讼时效期间的延长？………………… 174
　7.29 房屋租赁纠纷案件的管辖法院是如
　　　　何确定的？……………………………………… 175

附录………………………………………………………… 176
　附录一　房屋租赁相关法律法规 ……………………… 176
　附录二　中华人民共和国合同法
　　　　　（第十三章　租赁合同）……………………… 177
　附录三　城市房屋租赁管理办法 ……………………… 179
　附录四　租赁房屋治安管理规定 ……………………… 183
　附录五　城市私有房屋管理条例
　　　　　（第四章　租赁）………………………………… 185

第1章

房屋租赁前的准备工作

房屋租赁市场的逐渐繁荣也不过是近十年的事。完善的房屋租赁市场是城市的吸引力、稳定器和晴雨表。然而，由于房屋租赁市场交易主体的组合具有偶然性，当缺乏诚信基础和法制约束的时候，租赁双方都需要承受巨大的风险，甚至引发社会问题。现在，对于城市迁徙员工、初就业者和农民工等广大群体来说，租房可以说是进入城市后首先要面临的难题。本章的主旨，就是想通过对房屋租赁基础知识的介绍，帮助承租人和出租人打消怯租心理，学习房屋租赁中的有效经验，遵循严格的法律程序，充分做好房屋租赁前的准备工作。

1.1 什么叫房屋租赁？

房屋租赁是指出租人（一般为房屋所有权人）将房屋交付于承租人使用，由承租人向出租人支付租金的行为。房屋租赁也包括转租。转租是指经过出租人同意，承租人在自己承租的期限内，将承租的房屋出租给新的承租人的行为。

房屋是一种耐用消费品，它也有使用年限。一旦使用年限届满，它就会被拆除或自然倒塌。这时，不仅承租人不能再使用这一房屋，房屋所有权人也不再对该房屋拥有所有权。因此，在租赁关系存续期间，出租人通过将房屋出租，分期地把房屋使用权卖给承租人，这就是房屋租赁中的分期出售使用权理论。因此，完全可以将房屋的使用、收益权视为一种商品，而房屋租赁就是一种以房屋使用、收益权为标的的特殊的商品交换形式。

1.2　如何租到合适的房子？

很多人一想到租房就头疼，觉得无从下手，其实租房子还是很有规律可循的。要想租到合适的房子，一般来说，都少不了以下几个步骤：

（1）在租房之前，多了解一下当地的地理位置和租赁市场情况。如大致的租房价格，出租的热点位置在哪里，自己想要租房的位置的周围环境如何，方圆一带的价位如何，有哪些公共交通设施。

（2）分析一下自己的需求情况，是位置最重要还是价格最重要。住房最讲究的就是地段，承租人应从自己经常使用的交通工具出发，尽量选择交通便捷的地点居住，以利于今后的工作和生活。如果平常乘坐公交车上班或外出，应选择公交线路较多、距离上班地点转车次数较少的地点租赁住房。如果驾驶自己的汽车上班或外出，则要尽量选择有停车点、道路通畅、路况好的地点居住。如果找不到自己满意的房子，还可以考虑交通便利但位置相对较远的房子。

（3）在自己比较陌生的环境里找房子，最好通过中介机构。因为中介机构可以提供非常完备的租赁合同，有利于保护您的合法权益，但是在选择中介机构的时候，也请您事先了解一下中介机构的可靠度和信誉度。在多方收集了中介机构相关信息的情况下，选择一家或两家可靠的，在自己亲自接触后，再决定是否可以委托。

（4）租房时，要尽量多跑几家，多做比较，优中选优，同时住房的环境和治安状况也是不可忽略的因素。承租人如果追求较好的居住环境，应选择那些绿化率高、环境整洁、各种配套设施齐全的小区居住。出于对财产和人身安全的考虑，承租人还可以向出租人及附近的其他居民打听这一地区的治安情况和物业管理公司的保安措施是否完善。

（5）租房时，不要急于交订金或租金，最好从正反两方面来考虑自己的决定。当然，有个人在旁边参谋一下会更好。如果房主要求一年一付房租或者要求付大笔的订金，这样情况就要特别小心，以防租房陷阱。

（6）租房合同宜细不宜粗，尽量选择管理部门提供的合同范本。如果合同由出租方提供，则要特别注意对方的免责条款。为了讨价还价，租房者可以把租期说得长一些，但一次性交纳的租金还是越少越好。

1.3 网上租房和中介租房各有什么优劣？

网上租房，是一种新的租赁中介方式，随着网络的发展，很快被年轻租房者接受。网上租房与中介公司租房各有所长，经过一段时间的较量，其各自的利弊也渐渐呈现在大家面前。

网上租房作为一种新兴的租赁方式，依托互联网的优势，方便快捷、信息量大、自由度高。由于没有中间环节，省时省钱，了解信息详细，便于成交。但网上租房的风险较大。网上的信息量大，但信息的真实性差、重复信息多。加之没有客观的可识别方式，往往给不法分子以可乘之机，对承租人造成损害。另外，网络的随意性强，很多不规范的中介公司利用这种更先进、更隐蔽的骗人方式，使客户上当受骗。而且网上租房，一旦发生纠纷，客户很难进行取证，在诉讼程序中难以有效地维护自己的权益。

找中介租房的优势则在于服务周到。中介提供的是从咨询、看房、成交、租后的全程服务，它通过对信息的二次识别，提供完备的合同和相关的法律服务，为整个交易提供了安全保障。另外，有实力的中介公司都有局域网互联，不对外公开的信息储备多，利用中介的信息库，客户的选择余地大，不仅可以挑房，还可选价格合适的,即使没有适合的房源,中介也能根据客户的需求参谋推荐。除了能监督钱款、排忧解难外,在签订合同、收取押金、交付租金等问题上,中介公司扮演的角色远远超出中间人的范围。

传统的找中介租房也不是没有弊端。目前,在中介市场缺乏统一的行业规范、普通消费者收入水平不高的情况下,客户一味降低租金的心理和中介公司利润至上的逻辑很容易发生冲突,导致租赁中介市场的恶性循环。一部分中介公司的不规范行为还败坏了整个行业的声誉。但是,行业竞争和优胜劣汰使得近两年来出现了一些品牌中介公司,他们提供的服务水平高,诚信度好,您只要找到品牌中介,就可以放心得多了。

总之,网上租房的防范性差、风险大,无论从技术水平、人员素质、实际运作、市场条件上都不能超越或代替中介租房。实际上,在网络发达的国家和地区,中介租房依然是房地产租赁市场的主要方式就很好地证明了这一点。而且通过中介租房,客户与中介是一种面对面的交流,成功率较高,选择性较强。相比之下,虽然网上租房既快又省,但客户和房主缺乏直接接触,虚拟成分多,交易的成功率不高。

1.4 怎样跟中介公司打交道?

客观地讲,大部分房地产中介公司是好的,但不乏有少数害群之马,败坏了行业风气,影响了中介的声誉。要避免上当受骗并不太难,消费者学会自我保护的同时,还要及时向有关部门投诉,杜绝不良中介。

首先要明确概念,不是所有的房地产中介机构都可以办理房屋租赁业务。房地产中介机构分三类:房地产咨询机构、房地产评估机构和房地产经纪机构。前两类机构都不能从事房屋租赁中介业务,而租房中介的正式称谓是"房地产经纪公司",其要求是注册资金30万元以上、拥有具备《房地产经纪资格证》的经纪人4名以上,同时具备《工商营业执照》和《房地产经纪机构资质证书》两项才是一个正规合法的经纪公司。以下建议供您参考，以防在租房时再受气。

（1）综合比较各公司的服务模式，货比三家，尽量不交或少交看房金或看房费等，以免发生纠纷。主要看中介公司的规模，综合比较各公司的服务模式。一般说来，规模大的中介机构，其专业人员数量多，水平高，信息资源丰富，中介行为也比较规范。总之，不要怕麻烦，要货比三家。

（2）要审查对方是否具备工商营业执照和房地产经纪机构资质证书，工商执照中应具备"物业代理"这一经营项目，以上两证也应有"年检合格"的印章。

（3）在与公司看房前，要认真阅读对方提供的"中介代理合同"，这一环节至关重要，要找出您认为不合理的条款与对方协商，改妥后再签字，因为一旦签字合同生效，有可能有些条款将来会对您十分不利。

（4）不要和经纪人个人隐瞒公司私下成交。有些客户为节省中介费，向经纪人支付回扣私下交易，这种做法不太可取。其一，房源信息是公司财富，这样做已经违反双方合同，有可能被公司起诉；其二，收取回扣的经纪人一般道德水平低下，有可能等你入住后看准你不敢声张，继续索要钱财；其三，目前存在一些经纪人勾结外人冒充假房东行骗，诈取钱财后逃之夭夭，使客户白白遭受损失又无处追偿。

（5）在订房时一定要亲自审查房东的身份证、户口本、房产证原件，三证俱全才可付款。虽然说中介公司有审查证件的责任，但有些经纪人并不负责，所以自己必须要亲自审查，以免被假房东诈骗。据中介公司实际操作的经验来看，一般出现的诈骗事件都是房东证件不全，而当事人没有防范意识造成的，这点要特别注意。

（6）一旦发生自己利益受损的情况，应该立即到工商部门或房管局投诉。

1.5 未取得所有权证的房屋可以出租吗？

房屋所有权证是表明房屋所有人对于房屋享有法律权利、承担法律义务的证书。房屋所有权证具有社会公示的作用。房产登记管理部门对所辖区的房产进行登记注册与房屋所有人手中持有的房屋所有权证所记载的信息是一致的。任何人如果到房产登记管理部门查阅某处房产的权属状况，那么他对登记的信息就有充分信任的理由。如果没有充分的其他证明，一般来说房屋所有权证由谁持有，谁就是房屋的所有人；没有取得房屋所有权的人就不被认为是房屋所有人。

根据《城市房屋租赁管理办法》第六条第（一）项的规定，没有取得房屋所有权证的房屋，不得用于出租。法律做出如此规定的目的，是为了更好地保护承租人。而承租人在订立房屋租赁合同之前一般都会要求查看出租人的房屋权属证书，以防止上当受骗。实践中，承租人仅仅相信自己亲眼看到的情况，如出租人在房屋中居住或者持有房屋的钥匙等而不查验房屋权属证书就与出租人订立房屋租赁合同的情况也屡见不鲜，最后损害的还是承租人的利益。为了更好地保护承租人的合法权益，打击对房屋没有合法处分权的人的欺诈行为，法律禁止没有取得房屋所有权证的房屋用于出租是非常必要的。

1.6 已被司法机关或行政机关查封的房屋可以出租吗？

司法机关和行政机关是国家的权力机关。为了维护社会公共利益或者保护个别当事人的合法权益，司法机关和行政机关可以依法对公民享有的财产采取法定的强制措施。如法院可以依照生效的判决对私人财产采取查封、依法拍卖等强制措施。被依法查封或者采取了其他强制措施的财产，未经法定程序予以取消强制措施的，不得随意对财产予以处分。比如被贴上了封条的房屋未经法定程序撤销查封，任何人不得撕下封条或处分房屋。

根据《城市房屋租赁管理办法》第六条第（二）项的规定，司法机关和行政机关依法裁定、决定查封或者以其他形式限制房地产权利的房屋，不得用于出租。如果房屋的所有人或经营管理人置法院或行政机关的强制措施于不顾，就是对国家法律权威的挑衅，是要受到法律制裁的。如果承租人承租了司法机关和行政机关依法裁定、决定查封或者以其他形式限制房地产权利的房屋，由于房屋随时都有可能存在被强制拍卖或者被采取其他强制措施的危险，对承租人存在的风险也是显而易见的。

1.7 已列入拆迁范围的房屋可以出租吗？

《城市房屋拆迁管理条例》第十二条规定："拆迁范围确定后，拆迁范围内的单位和个人，不得进行下列活动：（一）新建、扩建、改建房屋；（二）改变房屋和土地用途；（三）租赁房屋"。该条规定是法律法规的强制性规定，房屋的所有人或经营管理人必须遵循，否则将受到法律的制裁。因此，凡是列入拆迁范围内的房屋，无论是公房还是私房，其所有人或经营管理人都不得将房屋出租。

1.8 已被鉴定为危险的房屋可以出租吗？

根据《城市危险房屋管理规定》第二条与《危险房屋鉴定标准》的规定，所谓危险房屋，简称危房，系指结构已严重损坏或承重构件已属危险构件，随时可能丧失结构稳定和承载能力，不能保证居住和使用安全的房屋。危房分整幢危房和局部危房，整幢危房是指随时有整幢倒塌可能的房屋；局部危房是指随时有局部倒塌可能的房屋。危险房屋由房屋所在地的市、县人民政府房地产行政主管部门设立的房屋安全鉴定机构进行鉴定。

根据《城市房屋租赁管理办法》第六条的规定，不符合安全标准的房屋不得出租。因此，经房屋安全鉴定机构鉴定为危险房屋的，房屋的所有人或经营管理人不得将危险房屋出租。房屋的所有人或经营管理人将已被鉴定为危险的房屋出租的，如果给承租人造成人身伤害或者财产损失的，不仅要承担民事赔偿责任，还要受到房地产行政主管机关的行政处罚。

1.9 还有哪些房子是不能租的？

共有的房屋未经全体共有人书面同意的，以及产权不清，权属有争议的，属于违章建筑的房屋也不能出租；另外，如果该房屋不符合安全标准，不符合公安、环保、卫生等主管部门的有关规定，或已经设置抵押的房屋未经抵押权人同意的，属于法律法规禁止出租的房屋，那么就不能出租。

此外，还有需要注意的问题，未经综合验收、新建的房屋不能租。商品房预租或商铺预租需要遵循法律的特别规定。对于房屋所有人已经死亡的，房屋继承人应当按《继承法》的规定，办妥房屋继承过户手续后，方可出租该私有房屋。

1.10 按揭房屋能够出租吗？

以按揭方式购买的房屋，实质上是购房人将房屋抵押给银行，从而从银行获得贷款。购房人虽然对所购房屋拥有产权，但这种产权是有限制的。限制主要体现在未经银行同意，购房人不得擅自出售、出租或抵押该房屋。如果出租人想出租按揭房屋，则可以向贷款银行提出申请，经同意后方可出租该房屋。如果贷款银行不同意出租的，则出租人不得出租按揭房屋。

1.11 如何辨别真假出租人？

"出租人"这个概念的外延要远远大于"房东"概念的外延，房东仅仅是房屋的所有权人，而出租人是指以下单位和个人：

(1) 拥有房屋所有权的自然人、法人或者其他组织；
(2) 被授权经营管理房屋的法人或其他组织；
(3) 依法代管房屋的代管人；
(4) 法律法规规定的其他权利人。

近年来，出现了不少假冒出租人租房骗钱的案件，骗子们先支付一小部分房租，租下了房屋，伪造了证件，然后在真出租人不知情的情况下，擅自将房子租给他人，收取大量租金后逃之夭夭，而事后被骗承租人的权利根本得不到保障。为了防止假出租人骗钱，一定要仔细检查房屋产权证，还要看出租人的身份证原件。为了保证这些证件不是伪造的，最好再到房管所、居委会或物业部门了解该房屋的产权情况，必要的时候还可以拿着自己的身份证或委托律师到房地产管理登记部门查阅出租房屋的产权登记情况。在出租人只是接受了房东的委托、代理出租房屋的情况下，为了保证这种代理关系的合法有效，除了检查房产证以外，还要好好地检查出租人的身份证、房东委托他出租的委托书，最好再和房东亲自联系一下，或向当地居民委员会等机构核实委托书的合法性和受托人的真实性，以免上当受骗。

1.12 怎样识别真假房屋权属证书？

仅以1998年以后北京的房屋权属证书为例，加以说明。由于不同时间段、不同地区的房屋权属证书各不相同，因此，实践中尚需区别对待，共通之处，可以借鉴。最重要的鉴别特征如下：

（1）建房注册号

由于新证由建设部监制，建设部对每个能够发证的市（县）发证机关都进行了注册登记，并予以编号。辨认时，要看它是否有编号，编号是否是建设部公告的全国统一编号。

（2）印制流水号

在权证第三页，即"注意事项"页右下角有印钞厂的印制流水编号，同一发证机关的权证号码是连续的。

（3）发证编号

权证首页的花边框内上端有发证机关编列的权证号码，此号码与发证机关的登记簿册、档案记载必须一致。业主可电话查询。

（4）团花

权证扉页上土红、翠色两色细纹组成的五瓣叠加团花，线条流畅，纹理清晰。

（5）花边

权证首页，即发证机关盖章有上下左右均等宽且对称的咖啡色花纹边框，花纹细腻、清晰。

（6）暗印、水印

权证内页纸为印钞纸，浅粉底色，等线宋体"房屋所有权证"地纹暗印。将纸对着光亮处，可见高层或多层水印房屋。

（7）发证机关（盖章）

从1998年起，规范、有效的发证机关是市（县）房地产管理局（房产管理局）或市（县）人民政府，任何其他单位或部门都无权发证；发证机关必须盖章，而所盖公章均是机器套印，印迹清晰、干净、均匀，任何手工盖章都是假的。

1.13 租房谈判时，房东夫妻一方同意就行吗？

正常情况下，因为夫妻双方可以互为对方的代理人，在没有其他证据做相反证明的时候，任何一方的意思表示都可以视为夫妻双方共同的意思表示。因此，租房谈判时，房东夫妻双方只要有一方同意，即可达成协议。如果承租方也是夫妻双方，那也需要注意了，任何一方未经另一方同意就签下了承租协议，后又以另一方不同意为由毁约，是得不到法律支持的。

但是，如果承租人在房产证上看到有夫妻双方的名字，就表明该房屋是共有房屋，这个时候一定要得到夫妻双方的共同同意才可以租房，如果租房时只有一方在场，也要得到另一方的书面同意。有些房产的共有人是夫妻之外的第三人，也要同样办理。

1.14 出租私房要办理哪些手续？

对于这个问题各地规定各有不同，如果您是在北京的话，合法出租的房屋必须要有三证：即房管部门核发的产权证、当地派出所核发的房屋租赁安全合格证、北京市房屋土地管理部门统一印制的房屋租赁许可证。房屋出租人出租房屋时必须持有《房屋产权证》，这只是具备了房屋出租的第一个条件，还应当向所在区县的房屋管理机关的基层管理机构提出申请，签订治安责任保证书；再到房屋所在地的公安局派出所申请登记，取得《房屋租赁安全合格证》；同时须持本人房产证、身份证，与承租人签订租赁合同以及承租人相关身份证明的复印件到该城区房管局登记备案，申领《房屋租赁许可证》。

三证齐全是承租人判断该住房出租是否合法的依据。如出租的房屋未办理过以上证件，则证明该房屋的出租是非法的，一旦被有关部门发现将会被依法解除租赁关系，并对出租人进行罚款；虽然没有《房屋租赁许可证》，租赁合同依然有效，承租人利益不受太大损失，但因此搬迁住址、移动家具，难免会给平静的生活带来些许不便。而且在房屋租赁中，以下两类承租人如果没有《房屋租赁许可证》，就不能办理相关手续。一是对于租用房屋从事生产经营活动的承租人来说，《房屋租赁许可证》可以作为经营场所合法的凭证。二是对于租房用于居住的承租人来说，《房屋租赁许可证》是向公安机构办理户口登记的凭证之一。因此，无论是出租人还是承租人，办理合法的手续都是进行房屋租赁之前的重要一步。

1.15 出租人必须了解承租人的情况吗？

出租人有治安责任，所以要了解承租人的情况。出租人在出租时应当检查承租人的证件，不能将房屋租给没有合法有效证件的承租人。同时，出租人还必须登记承租人的姓名、性别、年龄、常住户口所在地、职业或主要经济来源、服务处所等基本情况，并向公安局派出所备案。如果承租人是外来暂住人口，出租人还需带他到公安局派出所申报暂住户口登记，并办理暂住证。此外，出租人还需经常检查，一旦发现承租人有违法犯罪行为、无照经营等活动，应立即向公安机关举报。如果出租人知道或应当知道承租人进行的经营活动是属于无照经营、非法经营，而仍然将房屋租给他们的，就会受到工商管理部门的行政处罚。

1.16 向外地来京人员出租房屋需要办理哪些手续？

向外地来京人员出租房屋，出租人及委托代理人必须与公安局派出所签订书面治安责任保证书，承担治安责任，并申请获得《房屋租赁许可证》和《房屋租赁安全合格证》，否则就会受到有关机关的行政处罚。此外，出租人只能把房子出租给有暂住证、身份证的外地来京人员。如果没有暂住证，出租人应该带领或督促承租人在3日内到公安局派出所办理暂住登记，申请暂住证。

1.17 出租人准备出租住房时可以采取什么预防措施？

在准备出租时，出租人应当核实承租人的身份，仔细检查承租人的有关证件，并留下他的身份证复印件，给屋内家具设备等列出清单，并要求承租人签字。此外，一定要订立书面合同，还可以要求承租人交纳押金。因为房屋租赁合同登记备案时，主管机关会核实双方的身份，对承租人的行为有震慑作用。租房以后，出租人还要勤于联系承租人，了解承租人的情况，以防发生意外。如果出租人认为有必要的话，也可以要求承租人寻得一位保证人，签订保证合同，以便对承租人的责任加以担保，更好地保护出租人的利益。

1.18 合租有哪几种方式？

同乡合租：语言相通、饮食口味相同、探亲方便。不但可以减少不必要的烦恼，也可解决思乡之苦，备感亲切、温暖。

同事合租：上班方便、下班方便。彼此熟悉，对身体各方面健康都有所保障。既有共同语言，又安全方便，遇到困难也有人商量。

同性合租：生活习惯、脾气秉性相投。女孩合住在一起，可以不再形单影只地一个人逛商场；男孩合住在一起，可以不再一个人玩游戏、缺乏人分享生活的乐趣。

同行合租：虽说"同行是冤家"，但好处也颇多。彼此可以交流行业经验和行业动态，沟通互补，相互切磋。

不同行业合租：相互传递信息，扩大视野。对方耳濡目染，彼此对不同领域的知识都能了解。说不定，还可以给自己一个新的挖掘空间，找到更适合自己的发展方向。

同爱好合租：志同道合，兴趣相投。说不定通过彼此的朋友网络可以帮助大家由共同的兴趣组建一个俱乐部或协会，利用周末等业余时间开展郊游、比赛等一系列活动。

1.19 合租房屋，如何选择室友？

室友是和你合住在一起的人。一个好室友，不仅能和你朝夕相处，而且还有可能成为你的终生好友。找一个好室友要注意的事情有：

（1）了解室友生活习惯

如果你是一个爱学习的人，就找一个爱安静的人同住。

如果你是一个开朗热情的人，就找一个爱热闹的人同住。

如果他抽烟喝酒，你是否能忍受？

他是不是经常有朋友借住？如果有，你可以忍受他的朋友借宿多久？

他是否喜欢养宠物？如果你不喜欢宠物或者对宠物过敏的话，千万不要找那些喜欢养宠物的人。

他是不是个爱干净的人？如果你很爱干净，喜欢把房间安排得井然有序，每样东西有它固定的位置，而你的室友却经常乱扔东西，总是让你生活在凌乱的房间里，你受得了吗？

（2）了解室友的经济状况

要充分考虑对方是否有稳定可靠的经济来源，因为合租者要共同承担房租，如果室友时常拖欠房租或借钱不还，实在是个很让人头疼的问题。

（3）了解室友的兴趣爱好

有着共同的兴趣、爱好，可以让关系更融洽，但是如果兴趣正好截然相反，免不了要有矛盾的出现。比如：一个喜欢古典音乐的人，喜欢平静舒缓的音乐，肯定无法忍受室友喜欢摇滚，整天听一些狂热吵闹的音乐。

1.20 合租房屋有哪些要注意的技巧？

（1）合租房的对象最好是找和自己志趣、爱好相同的一些朋友、同事、同学，大家彼此熟悉了解，合租一套住房可以共同分担租金，又可以在生活上相互照顾帮助。

（2）和原先不认识的人一起合租房首先要与对方互相留下身份证复印件、工作证等证件及联系电话，核实对方的身份，并签订正式的租赁合同。

（3）各自安装独立电表、水表等，以免日后产生纠纷。如果不能独立安装，则应事先协商好费用分担问题。

（4）贵重物品应妥善保管。即使感觉对方再诚实可信、光明磊落，也要多个心眼，要知道"防人之心不可无"。

（5）要尊重对方的生活习惯及隐私，应主动与合租人搞好关系。

1.21 合租房屋，如何与室友对细节问题进行约定？

如果承租人已经找到一个室友，并准备要和他合租的话，那事先双方还要谈一些共同居住的细节问题。建立起良好的室规，有章可循，就可以减少日后不必要的摩擦。

如果把约定仅仅停留在口头上，无法可依，到问题出现的时候就容易产生麻烦。如果有一个书面协议的话，当室友做了违反公共利益的事情，承租人就可以拿出书面协议提醒他承担自己的义务。

与合租的室友对细节问题的约定可以有以下这些内容：

房租：谁会付钱？准备付多少？什么时候付？

空间：各人将住哪间房？

清洁：是否有一套时间表？某项职责由谁来负责？

食品：你们是共享还是分别拥有冰箱的一部分？
客人：男/女朋友是否可以过夜？一周几次？
噪声：什么时间是应该保持安静的？
出访：若一人决定出去，那他应该关照其他人什么事情？
分歧：出现意见分歧时，怎么处理？若没办法解决，那谁应该搬走？

在描述这些书面条款时，应仔细认真，避免错误描述。如果合租伙伴对共有部分的使用产生争议，争议一方可以要求他们共同的出租人解决纠纷，出租人应该在合理的时间内协调处理。如果承租人与合租人要调换房间，必须事先争得出租人的书面同意，而且承租人和合租人要签订书面合同，并分别和出租人变更合同。

1.22 租用非独立成套的房屋应该注意哪些问题？

出租人也可能成为合租人，因为房东给自己留了一个房间堆放杂物，并且需要进出该房间取物，所以必须不时地进出房屋。因为承租人租用的不是独立成套的房屋，因此，在与出租人签订的租赁合同中应该明确约定承租人个人租用的部分，以及共同使用部分的范围、条件和要求，以免产生纠纷。

出租人不能干扰承租人对房屋的正常使用，不能随意进出承租人租用的房间。如果房东未经允许进入他们的房间，承租人可以告房东侵权。如果承租人根本就不希望房东进入房屋，可以在合同中明文约定。

1.23 租房前看房要注意哪些问题？

如果您好不容易找到一处看似不错的房子，可住的时间一长就会出现诸如下水道老堵、电压不足、热水器出水不痛快等问题。这些琐事的不断发生给承租人带来了多多少少的麻烦，其实看房时如果细心些，还是完全可以避免的。在看房时要关注以下问题：

(1) 关注房屋的门窗

看房时第一件事就是要关注房屋的门窗,看是不是有防盗门,这里要注意一些老式的防盗门,它们根本不具备防盗功能,像钢管焊接成的那种就是这样,所以,你可以要求业主把门换成新的防盗门,这样才有保障。其次,是要看窗户的密闭是否完好,尤其是租住一二层的承租人一定要仔细把关,检查所有窗户是否都能关严,所有的插销是否都能插上,检查防护栏有没有开焊,有没有被折断的隐患,如果有必要还是请业主一同加固,以防后患。

(2) 检查上下水和电路入户状况

20世纪80年代前后有不少楼房,因为上下水管道长年使用、输电线路设计功率低、线路老化等,所以经常出现下水道频繁堵塞、上水水压不够、大功率家用电器无法正常开启、电路跳闸的现象。根据这种情况,在看房时第一要注意上下水的通畅,特别是选择一楼和顶层时。一般水压不足顶层最受影响,下水不畅则一层会经常返水,所以一定要注意。其二就是要查看房屋的入户电路。现在基本所有的老城区都已经对原有老化的电路进行了改造,如果入户电表为插卡式的,那就尽可以放心使用了,如果不是,你可要多加考虑了。

(3) 房龄有讲究

一般来说,越新的房子越好出租。因为旧房子会牵涉到厨卫用品的好坏,电路是否正常、水管是否漏水等问题,所以,一些承租者对房龄的要求还相当严格。最好租的是房龄在5~8年的房子,因为这些房子一般都位于成熟小区,而且家中的装修或家电也还可以用,并且房子价格也相对较低。

(4) 家电很重要

有无家电对房子租价的影响日益明显,因为现在承租房子的一批人希望在租房内享受到较高的生活质量。所以,出租房中有无家电,在很大程度上影响其出租价格的高低。据房产中介所的工作人员介绍,如果出租房中家电一应俱全,则可以多租两三百元。

(5) 到底谁来交物业费

如果合同中并无特殊约定,就由出租人交纳,但是如果双方在合同中约定由承租人来交,那么承租人就得按照合同约定交物业服务费了。城市中高档小区一年的物业费一般可等于一个月的房租,承租人需仔细核算筹划,不能忽略。

1.24 住宅用房和经营性用房的租赁有何不同?

我国对住宅用房和生产经营性房屋的租赁分别采取不同的管理制度。《城市房屋租赁管理办法》规定:"住宅用房的租赁,应当执行国家和房屋所在城市人民政府规定的租赁政策。租用房屋从事生产、经营活动的,由租赁双方协商议定租金和其他租赁条款。"具体来说,住宅用房和经营性房屋的租赁有以下不同:

(1) 租金标准不同

住宅的租赁必须执行国家和房屋所在城市人民政府规定的租赁政策的租金标准。各地都规定了住房租金的统一标准或最高限价,租赁双方必须执行。经营性房屋的租赁可以由双方协商议定租赁价格。

(2) 修缮责任不同

住宅用房的自然损坏,由出租人承担维修责任。由于承租人对生产、经营性用房的装饰维修常有特殊要求,故其维修责任应在房屋租赁合同中约定,比如规定由承租人进行维修,或者规定由承租人对房屋的某种维修项目或房屋的特定部位进行维修。

(3) 违约责任不同

公有住房的承租人无正当理由闲置住房达6个月以上的,出租人有权终止合同,收回房屋。公有经营性房屋的租赁无此规定,只要承租人按时交纳租金,是否闲置不用,属于承租人的权利。

1.25 租用写字楼的大体流程是怎样的?

(1) 确定希望选择的写字楼的区域位置、面积,并确定租金、装修及购买家具等预算;

(2) 选定代理公司后安排看房;

(3) 选择出满意的两到三个项目进行重点商谈成交租金、免租期、车位等综合条件;

(4) 选定一个最终满意的项目后,准备合同审阅及签约阶段;

(5) 制定装修方案并选择装修公司;

(6) 进行装修,其中跟租赁有关且比较重要的是消防审批;

(7) 正式装修,装修完毕后,通风;

(8) 在搬迁前选定位置后,将新电话与地址写在一个小小的卡片上寄给重要的客户。在搬往新写字楼之前,将电话做预先留言或呼叫转移等。

1.26 商铺预租应具备哪些条件?

商铺预租应具备以下六个条件:

(1) 商铺预租的前提是该商铺已经符合商品房预售的条件,并且开发商已经依法取得了商品房预售许可证。

(2) 在符合上述前提条件下,承租人应当与开发商签订具备下列条款的《商铺预租合同》:租赁当事人的姓名或者名称、住所;房屋坐落地点、面积、结构、附属设施和设备状况,房屋用途,预租房屋的交付使用日期,租赁期限,预付款的金额、支付期限,租金数额、支付方式和期限,房屋使用要求和维修责任,违约责任,争议的解决方式等。

(3)《商铺预租合同》签订后,承租人与开发商应当在15日内持预租合同和其他相关材料向房地产交易中心办理预租合同登记备案。

(4) 开发商只有在预租的商铺竣工并取得房屋产权证后,方可与承租人订立预租商铺使用交接书，交付房屋。

(5) 房屋交付后，承租人与开发商需持已登记备案的预租合同及预租商铺使用交接书，向房屋所在地的区、县房地产交易中心办理登记备案，领取租赁合同登记备案证明。

(6) 开发商不得将已经预售的商铺预租，商铺预购人不得将预购的商铺预租，商品房未经初始登记取得房屋产权证前，承租人不得将预租的商品房转租或者交换承租权。

1.27 什么是售后包租？

所谓售后包租是指开发商向购房人承诺，对其所购买的商品房，由开发商承租或者代为出租，并支付固定年回报的销售方式。

售后包租等销售形式含有融资或者变相融资的内容以及房地产升值或者投资回报的承诺，涉嫌违反建设部《商品房销售管理办法》第十一条及国家工商总局《房地产广告发布暂行规定》第十六条等有关规定。

建设部《商品房销售管理办法》第十一条规定："房地产开发企业不得采取返本销售或者变相返本销售的方式销售商品房。房地产开发企业不得采取售后包租或者变相售后包租的方式销售未竣工商品房。"第十二条规定："商品住宅按套销售，不得分割拆零销售。"

国家工商总局《房地产广告发布暂行规定》第十六条规定："房地产广告中不得出现融资或者变相融资的内容，不得含有升值或者投资回报的承诺。"

售后包租等销售形式存在五大风险隐患：一是可能存在欺诈，开发商在以所开发的商品房为担保取得银行贷款的同时，向购房者销售该项目，有的甚至是携款逃匿；二是开发商融资或变相融资后，将资金挪用到别的项目上，一旦项目运作的某一环节出问题，会导致资金链断裂；三是项目建成后经营不善，无法达到预期的收益水平，没有现金流兑付；四是所购商品房屋位置不确定,无法办理房屋所有权证;五是往往涉及复杂的权利关系,易引发债权债务纠纷等。

因此,建设部于2006年5月22日发出风险提示,提醒消费者,以售后包租形式购房存在风险,投资须慎重,并要求各级房地产管理部门要加强监督,对违反有关法律法规规定销售商品房的,一经发现,要严肃查处。

1.28 商品房预租的含义是什么?

商品房预租是指房地产开发商在新建商品房未办理房地产初始登记、取得房地产权证前,与承租人签订《商品房租赁预约协议》,并向承租人收取一定数额预收款的行为。

商品房预租最早源于上海,是上海市为搞活房地产于1998年9月出台的一项新举措。根据《上海市房屋租赁条例》第九条规定,只有符合商品房预售的条件,并依法取得市或区、县房地产管理部门核发的商品房预售许可证明的商品房,房地产开发企业才可以进行商品房预租。

至于预租手续,承租人应当与房地产开发企业签订商品房预租合同。在预租合同中,双方应对"预租房屋的交付使用日期"、"预付款金额、支付期限"等条款详细约定。签订预租合同后,双方当事人应当在15天内持预租合同及相关材料前往房地产管理部门办理预租合同登记备案。待预租的商品房竣工并取得房地产权证后,房地产开发企业方可与承租人订立预租商品房使用交接书,交付房屋。最后,租赁当事人持已登记备案的预租合同及预租商品房使用交接书,向房地产管理部门办理登记备案,领取租赁合同登记备案证明。

1.29 商品房预租应注意哪些问题?

商品房预租应当订立商品房预租合同。预租合同除了应具备租赁合同的一般内容外,还应当明确预租商品房的交付使用日期、预付租金额、支付期限及管理使用等事项。在商品房竣工并取得房地产权证后,房地产开发企业应当同承租人订立商品房使用交接书,该预租合同自动转为房屋租赁合同。

房地产开发企业不得将已经预售的商品房预租;商品房预购人不得将预购的商品房预租;商品房未经初始登记,未取得房地产权证之前,预租人不得将预租的商品房转租,转让或交换。

1.30 要出租的房屋装修时有哪些原则?

从中介机构反馈的信息表明,带装修的房子不仅比毛坯房好租,而且房子有无装修,在出租价格上也有很大的区别。有装修的房子与没有装修的房子虽然位于同一小区,但租金起码相差一半以上,高档装修的房子的租金价格有的甚至要高于毛坯房几倍。因此,对于出租人来说,如果要将房屋长期出租的话,不妨适当地加以装修,以换取更多的回报。但也不可盲目装修,要注意一些问题,以免"费力不讨好"。一般来说,至少要把握以下几个原则:

(1) 量身定做原则

出租人把房屋装修到什么程度一定要视小区定位、供求关系、装修能够创造多少附加价值等因素来定。

(2) 简约朴实原则

对于简装房和精装房而言,装修、家具一定要齐全、要新,但不一定要追求高档、名牌(承租人另有要求除外),只要使用起来性能稳定就可以了。因为承租人要求的是实用,他们不想为租住房屋中的高档配置买单,否则,对他们来说也是一种浪费。

(3) 有的放矢原则

为了使装修更符合承租人的要求,出租人不要先行装修再找承租人,而应该先找到承租人,再按照其意愿装修,一来可以给承租人留下好印象,二来不会花冤枉钱。

(4) 充分准备原则

出租人对于出租房装修的折旧、家具的合理损耗等要有心理准备,将其折算到租金中去,在折算时要遵循保守原则。

1.31 要出租的房屋怎样装修才合算？

如果出租人准备出租的是毛坯房，没有钱装修，或者在不久后要装修自住，而又想利用空置期赚点租金，那出租人就不一定要装修了，否则，无法收回装修投入。另外，房子没有装修就租给别人住，势必会弄脏，特别是厨房、卫生间，此时最好的办法是把房屋出租作仓库，而非生活起居，这样收回时也不必花大量功夫收拾。

如果出租人准备出租的房屋所在小区是一个普通社区，并且房屋是毛坯房、简装房，此时就没有必要装修成精装房，因为小区的性质已经把出租人的房屋定了性，招揽到的一般就是普通住户，高层次承租人是不会住在普通小区的。

如果出租人准备出租的房屋所在小区是高档小区并且入住率比较高，此时出租人就可以将房屋装修成精装房，否则，就浪费了客源，没有把租金赚足。一般来讲，高档小区的房价都是较高的，要尽快收回投资，就必须将房屋装修后出租，提高租金收入。

但是，出租人要明确的是装修并不总能提高出租回报率，这跟房屋所在小区房屋租赁的供求关系有关。比如对于大面积房屋集中的小区，由于供大于求，即使精装修，也租不出个好价钱，还不如进行简装修，进可攻退可守。

1.32 租房过程中如何杀价？

看到如意的房子，不要忙着定租金。作为承租人，有一些技巧可以帮忙省钱：

(1) 不要表露对房子有好感；

(2) 告之房东已看中其他出租的房子并准备付定金，但也喜欢此房屋，是否能再便宜点儿补偿已付出不能退的定金；

(3) 不停找房子的缺点要求降价；

(4) 以配套设备不足为由，要求降价，或配齐；

（5）告之自己很满意，但家人有其他的想法，希望便宜点可以解决问题；

（6）带着现金，说只要价钱合适马上付定金或签约；

（7）实在谈不下去，抬腿就走，让出租方担心失去你这个准房客；

（8）用其他房子的价格做比较，要求再减价；

（9）以自己的经济能力不够作为理由，要求再便宜一点儿；

（10）与房东成为好朋友，尽量争取拿到最优惠的价格；

（11）看多处不同的房子，声东击西探知更便宜的价格；

（12）记住，房主也希望快点把房子租出去。如果你的时间不急，拖延谈判的时间，慢慢磨。

第2章 房屋租赁中介机构

在房屋租赁市场上，出租人出租房屋或者承租人求租房屋一般都是通过房屋租赁中介机构的牵线搭桥进行的。房屋租赁中介机构及其人员广泛参与房屋租赁活动，在很大程度上减少了出租人与承租人之间的矛盾与摩擦，提高了市场机制配置闲置房屋资源的效率。房屋租赁中介机构能否规范运作，直接关系到出租人与承租人的切身利益。因此，了解诸如房屋租赁中介机构的设立、业务种类及运作、应当履行的义务、收费项目及标准等知识，对出租人与承租人来讲是非常必要的。

2.1 房地产中介服务的主管机关是谁？

根据《城市房地产中介服务管理规定》第三条规定，国务院建设行政主管部门是全国房地产中介服务工作的归口管理机关。省、自治区行政区域内的房地产中介服务工作的归口管理机关是省、自治区建设行政主管部门。直辖市、市、县行政区域内的房地产中介服务工作的管理机关是直辖市、市、县人民政府房地产行政主管部门。

2.2 设立房地产中介服务机构应当具备哪些条件？

根据《城市房地产中介服务管理规定》第十条第二款规定，

房地产中介服务机构是具有独立法人资格的经济组织。也就是说,房地产中介服务机构必须具备《民法通则》第三十七条规定的法人成立的四项法律要件,即依法成立,有必要的财产或经费,有自己的名称、组织机构和场所,以及能够独立承担民事责任。如果房地产中介服务机构是以公司形态出现的,那么它的成立还必须符合《公司法》的规定。

其中,以有限责任公司形态成立的房地产中介服务机构,应当具备《公司法》第二十三条规定的下列条件:

(1) 股东符合法定人数;
(2) 股东出资达到法定资本最低限额;
(3) 股东共同制定公司章程;
(4) 有公司名称,建立符合有限责任公司要求的组织机构;
(5) 有公司住所。

以股份有限公司形态成立的房地产中介服务机构,应当具备《公司法》第七十七条规定的下列条件:

(1) 发起人符合法定人数;
(2) 发起人认购和募集的股本达到法定资本最低限额;
(3) 股份发行、筹办事项符合法律规定;
(4) 发起人制订公司章程,采用募集方式设立的经创立大会通过;
(5) 有公司名称,建立符合股份有限公司要求的组织机构;
(6) 有公司住所。

而根据《城市房地产中介服务管理规定》第十一条规定,设立房地产中介服务机构应具备下列条件:

(1) 有自己的名称、组织机构;
(2) 有固定的服务场所;
(3) 有规定数量的财产和经费;
(4) 从事房地产咨询业务的,具有房地产及相关专业中等以上学历、初级以上专业技术职称人员须占总人数的50%以上;从事房地产评估业务的,须有规定数量的房地产估价师;从事房地产经纪业务的，须有规定数量的房地产经纪人。跨省、自治区、直辖市从事房地产估价业务的机构，应到该业务发生地省、自治区人民政府建设行政主管部门或者直辖市人民政府房地产行政主管部门备案。

目前，对房地产中介服务机构进行规范的法律规范是1996年1月8日建设部令第50号发布、2001年8月15建设部令第97号修订的《城市房地产中介服务管理规定》。因此，在设立房地产中介服务机构时，应当首先遵守《城市房地产中介服务管理规定》的有关规定；《城市房地产中介服务管理规定》没有规定的，应当遵守《民法通则》、《公司法》等法律法规的规定。

2.3 如何办理申请设立房地产中介服务机构？

根据《城市房地产中介服务管理规定》第十二条规定，设立房地产中介服务机构，应当向当地的工商行政管理部门申请设立登记。房地产中介服务机构在领取营业执照后的一个月内，应当到登记机关所在地的县级以上人民政府房地产管理部门备案。

2.4 从事房屋租赁的房地产经纪人应当具备哪些相关知识？

从事房屋租赁的房地产经纪人除了要求掌握一些房屋租赁方面的基本知识外，还必须了解与房屋租赁业务相关的一些专业知识，具体包括以下几个方面：

（1）国家房地产、城市规划、建设等领域的法律、法规、规章和政策

① 房地产相关法律：主要包括《城市房地产管理法》、《城市规划法》、《土地管理法》、《民法通则》、《合同法》等；

② 房地产行政法规：主要有《城市房屋拆迁管理条例》、《城市私有房屋管理条例》、《物业管理条例》等；

③ 房地产部门规章：主要有《城市房地产中介服务管理规定》、《城市房屋租赁管理办法》、《房地产估价师注册管理办法》、

《租赁房屋治安管理规定》等；

④ 房地产规范性文件、技术法规：主要有《房地产经纪人执业资格制度暂行规定》、《关于房地产中介服务收费的通知》以及《房产测量规范》等。

(2) 地方政府的房地产法规与政策

① 地方政府关于各类房屋租赁的程序，房改房、经济适用房上市出租的政策及相关费用的规定；

② 房屋租赁税费及调整规定；

③ 物业管理办法及实施细则；

④ 规范房屋租赁市场的有关规定，包括房地产中介服务市场的规定等。

(3) 房地产市场的基本情况

包括区域房地产市场动态、居民住房消费水平、住房消费观念、房屋租金走势、交通状况、生活配套状况、社区环境状况、街区风貌、历史习俗等。

(4) 房地产信息的来源与发布渠道

包括房地产信息的采集方式、采集时机；经常刊登房地产居间信息的媒体、网站；查询政府及相关部门发布信息的方式；各类媒体发布信息的价格水平、效果等。

(5) 房地产专业基础知识

包括与房屋有关的位置、建筑物状况、新旧程度的判断；户型及建筑结构的识别；配套设施的性能、产权状况、物业管理状况等。

除了掌握以上这些与房屋租赁活动密切相关的知识外，房地产经纪人还必须对谈判技巧、客户心理、风险防范等有一定的了解，才能给客户提供全方位的优质服务；而房地产经纪人服务水准的进一步提高，除了要学习这些相关知识外，还必须注重在实践中不断地总结、积累经验。只有这样，才能够不断提高自身的业务素质。

2.5 合格的房屋租赁中介机构应该有哪两证？

合格的房屋租赁中介机构应当有"两证"，也就是市、县国土与房屋管理部门颁发的房地产经纪机构资格证书以及市、县工商行政管理部门颁发的营业许可证。此外，房屋租赁中介机构的房地产经纪人还必须有《房地产经纪许可证》。

合格的房屋租赁中介机构持有的有效证件应当挂在营业场所的显著位置，同时还要张贴全部执业经纪人的房地产经纪人资格证。如果没有在要求的地方悬挂，则很有可能存在问题，委托人（包括出租人和承租人）就一定要小心了。

2.6 房屋租赁中介服务合同应当包括哪些主要内容？

根据《城市房地产中介服务管理规定》第十五条规定，房屋租赁中介服务人员承办业务，由其所在中介机构统一受理并与委托人订立书面中介服务合同。房屋租赁中介服务合同是房屋租赁中介服务机构与委托人就中介机构为委托人提供房屋租赁代理或居间等服务达成的确定双方权利义务关系的协议。就中介机构而言，与委托人订立书面中介服务合同，是中介机构的一项法定义务；就委托人而言，与中介机构订立书面中介服务合同也是保护自己合法权益的重要保障。

根据《城市房地产中介服务管理规定》第十七条规定，房屋租赁中介服务合同应当包括下列主要内容：

（1）当事人姓名或者名称及住所；
（2）中介服务项目的名称、内容、要求和标准；
（3）合同履行期限；
（4）收费金额和支付方式、时间；
（5）违约责任和纠纷解决方式；
（6）当事人约定的其他内容。

2.7 订立房屋租赁中介服务合同时,应当注意哪些问题?

在订立房屋租赁中介服务合同时,应当注意以下几个问题:

(1) 中介服务合同主体资格的合法性

首先,应当了解订立合同的当事人是否具有订立合同的民事权利能力和民事行为能力,如果当事人不具有这些能力,则不能订立具有法律约束力的合同;

其次,要审查当事人订立的合同是否属于其经营范围内的产品或项目,否则,合同将成为无效的合同;

再次,如果当事人委托他人代签中介服务合同,代理人必须出具委托代理证明,而且委托代理证明记载的权限必须清楚明白。

(2) 中介服务合同内容的合法性

房屋租赁中介服务合同的内容,必须符合国家的有关法律、法规,不得侵犯国家和社会公共利益,不得侵犯他人的合法权益。

(3) 中介服务合同形式和手续的规范性

中介服务合同的形式,是反映当事人之间确立、变更和终止权利义务关系的一种表达方式,是双方当事人内心意思的外在表现形式。这种表现形式有两种:一种是口头形式;一种是书面形式。口头形式是用口头表达的,是无形的。口头形式虽然具有简捷、明了、省时的特点,但发生纠纷不易取证,因此,法律、法规一般都规定中介服务合同应当采用书面形式。书面形式大体上有三种:一是一般的书面形式;二是经过主管部门审查、登记过的书面形式;三是经过公证机关公证或有关机关鉴证的书面形式。

2.8 房屋租赁中介机构应当履行哪些义务?

根据《城市房地产中介服务管理规定》的规定和实践经验,房屋租赁中介服务机构应当履行下列义务:

(1) 遵守有关的法律、法规和政策；

(2) 遵守自愿、公平、诚实信用的原则；

(3) 按照核准的业务范围从事经营活动；

(4) 按规定标准收取费用，开具发票；

(5) 依法交纳税费；

(6) 接受行业主管部门及其他有关部门的指导、监督和检查；

(7) 统一受理其业务人员承办的业务并与委托人签订书面中介服务合同；

(8) 开展业务应当建立业务记录，设立业务台账。业务记录和业务台账应当载明业务活动中的收入、支出等费用，以及省、自治区建设行政主管部门和直辖市房地产管理部门要求的其他内容；

(9) 保守秘密。房屋租赁中介机构及其房地产经纪人在提供委托服务过程中知悉的有关委托人的信息，未经委托人同意，不得泄露或者许可他人使用；

(10) 提供真实信息。房屋租赁中介机构必须忠实于委托人，向双方提供真实、可靠的信息，不得夸大或缩小，也不得歪曲事实的真相。如果因提供不真实的信息而给委托人造成损失的，中介机构应当承担赔偿责任。

2.9 房屋租赁中介机构的服务人员在中介活动中不得从事哪些行为？

根据《城市房地产中介服务管理规定》第二十一条规定，房屋租赁中介机构的服务人员在房屋租赁中介活动中不得有下列行为：

(1) 索取、收受委托合同以外的酬金或其他财物，或者利用工作之便，牟取其他不正当的利益；

(2) 允许他人以自己的名义从事房屋租赁中介业务；

(3) 同时在两个或两个以上房屋租赁中介机构执行业务；

(4) 与一方当事人串通损害另一方当事人利益；

(5) 法律、法规禁止的其他行为。

此外，房屋租赁中介机构的服务人员与委托人有利害关系的，应当回避。委托人有权要求其回避。

因房屋租赁中介机构的服务人员过失，给当事人造成经济损失的，由所在中介机构承担赔偿责任。所在中介机构可以对有关责任人员追偿。

2.10　房屋租赁中介服务收费应坚持什么原则？

房屋租赁中介服务收费是房屋租赁市场中重要的经营性服务收费。凡依法设立并具备房屋租赁中介资格的房地产经纪等中介服务机构，为企事业单位、个体和其他社会组织、公民及外国当事人提供有关房屋租赁方面的中介服务，可向委托人收取合理的费用。中介服务收费应由中介服务机构向委托人收取，任何人不得以个人名义向委托人收取。

中介服务机构应当本着合理、公开、诚实信用的原则，接受自愿委托，双方签订合同，依据国家规定的收费办法和收费标准与委托方协商确定中介服务费。房屋租赁中介服务收费实行明码标价制度。中介服务机构应当在其经营场所或缴纳费用的地点的醒目位置公布其收费项目、服务内容、计费方法、收费标准等事项。房屋租赁中介服务机构在接受当事人委托时应当主动向当事人介绍有关中介服务的价格及服务内容等情况。如果中介机构没有说明，委托人可以要求说明，否则委托人就可以向有关部门投诉，要求中介机构承担责任。

2.11　房屋租赁中介机构可以收取哪些费用？

如果房屋租赁中介机构促成房屋租赁双方达成合同，无论成交的租赁期限长短，均按半月至一月成交租金标准，由双方协商一次性计收中介服务费，并应当向委托人开具发票。中介机构不得索取、收受委托合同以外的酬金或其他财物，或者利用工作之便,牟取其他不正当的利益,如押金、信息费、咨询费等。此外,房屋租赁中介机构也不得事先收取看房费。

2.12 承租人可以向房屋租赁中介机构要发票吗?

可以。

房屋租赁中介机构有义务向委托人开具正规的服务业专用发票。委托人向中介机构主动索要发票,有利于委托人保存证据以备发生纠纷时作为证据使用,同时也可以在一定程度上证明中介机构是否正规。

2.13 什么是房屋租赁居间?

房屋租赁居间是指房屋租赁中介机构以居间人的身份向委托人报告订立房屋租赁合同的机会或者提供订立房屋租赁合同的媒介服务,并由委托人支付报酬的整个活动过程。房屋租赁居间包括房屋出租居间和房屋承租居间。前者出租人是委托人,由出租人支付报酬;后者承租人是委托人,由承租人支付报酬。

房屋租赁居间具有以下几个特点:
(1) 居间人只以自己的名义进行活动

房屋租赁中介机构作为居间人,只以自己的名义为委托人报告订立房屋租赁合同的机会或提供订立房屋租赁合同的媒介服务,并不具体代表其中任何一方。因此,居间人没有代为订立房屋租赁合同的权利。如果房地产经纪人代理委托人订立房屋租赁合同,这时房地产经纪人的身份就不是居间人,而是代理人的身份了。

(2) 居间人介入房屋租赁活动的程度较浅

房屋租赁居间人介入双方租赁活动的程度较浅,只是向委托人报告订立合同的机会或者提供订立合同的媒介服务,所起的作用仅是穿针引线、牵线搭桥的作用,其服务内容较为简单,参与双方租赁过程的时间也比较短。

(3) 房屋租赁居间是一种有偿的商业服务行为

房屋租赁居间是一种有偿的商业服务。只要经纪人完成了约定的居间活动，促成租赁双方成交，经纪人就有权收取佣金。

(4) 房屋租赁居间业务的专业性较强

房屋租赁居间活动要求房地产经纪人具有丰富的房地产专业知识以及有关法律法规（尤其是房屋租赁、房地产中介和房地产税费等方面的法律法规）和税务知识；对当地社区环境、经济条件熟悉，能掌握市场行情；消息灵通，反应灵敏，判断力强；信誉良好，诚实可靠，按职业道德准则办事。

2.14 房屋出租居间的操作流程如何？

从实践上看，房屋出租居间一般按以下流程进行：

(1) 房源登记

首先，房屋租赁中介机构需为欲出租的房屋进行房源登记。值得注意的是，出租人填写的房屋信息越详细，房屋越早被成功出租的可能性就越大。在登记之前，中介机构应提醒出租人哪些房屋不得出租。

(2) 看房接待

如果有了满意的求租者，房屋租赁中介机构将立即为出租人联系接洽看房事宜，并预约上门看房日期及具体时间。在看房时要注意以下五个方面：

① 严格守约，准时等候求租人前来看房；

② 带上身份证、户口本、房产证（原件）；

③ 由房地产经纪人和出租人预约上门看房日期及具体时间；

④ 房地产经纪人在约定时间陪同求租人准时上门看房；

⑤ 若求租人看中房子，可订立"房屋租赁意向定金收付书"或直接订立《房屋租赁合同》。

(3) 订立合同

双方达成一致意见后，就可以订立《房屋租赁合同》。一般来说，中介机构都为双方提供了标准的合同样本，以供参考。至于《房屋租赁合同》的具体内容见本书房屋租赁合同部分的有关内容。

(4) 房屋租赁登记备案

签订、变更、终止房屋租赁合同的,当事人应当在房屋租赁合同订立后 30 日内,持有关部门证明文件到市、县人民政府房地产管理部门办理登记备案手续。

(5) 房屋交验

在合同规定的房屋交验日,中介机构房地产经纪人陪同承租人进行房屋现场交验,协助验收房屋内有关家具、电器等设施。双方填写《房屋交验单》,出租人向承租人交付房屋钥匙。

在房屋交验时,应注意以下几点:

① 交验时间:《房屋租赁合同》规定的日期;

② 交验内容:装潢设施、家具、家电、水电煤气表读数、钥匙、其他相关物品;

③ 交验方式:房地产经纪人陪同承租人当面进行交验;

④ 交验手续:填写《房屋交验单》。

(6) 租后服务

在完成本次租赁之后,如果房屋租赁中介机构建立了会员制度的话,出租人就会成为中介机构的会员。中介机构的房地产经纪人将以跟踪服务的形式为出租人提供多方位的房屋租赁服务、代收代付,并对出租人进行定期回访,了解出租人当前的需要,协调承租人与出租人的关系。出租人将享受到中介机构的网上信息服务和优惠服务。出租人可以就出租房屋过程中的所有问题进行网上投诉,也可以将房屋租赁心得、体会及经验发邮件给中介机构。

2.15 房屋承租居间的操作流程如何?

从实践上看,房屋承租居间一般按以下流程进行:

(1) 查询房源

求租人在客户委托中填写求租情况,由房屋租赁中介机构房地产经纪人向求租人推荐,也可以按求租房屋的位置、价格、建筑面积、户型等详细情况进行快速查询。在求租人查询房源时，中介机构房地产经纪人应当告知求租人依法享有哪些权利，应当履行哪些义务。

（2）预约看房

求租人看过中介机构提供的房源信息后，初步选好自己满意的房屋，然后在中介机构房地产经纪人的陪同下约定看房时间，办理前期手续，并预付定金。在看房过程中，求租人应当注意以下4点：

① 严格守约，准时到出租人处看房；

② 在看房过程中，求租人因自身过错导致出租人房屋设施损坏的，责任一律自负；

③ 由房地产经纪人和求租人预约上门看房日期及具体时间；

④ 房地产经纪人应在约定的时间内陪同求租人准时上门看房。

（3）订立合同

选好满意的房屋后，在中介机构的主持下，出租方与求租人订立房屋租赁合同。

（4）房屋租赁登记备案

签订、变更、终止租赁合同的，房屋租赁当事人应当在租赁合同签订后30日内，持有关部门证明文件到市、县人民政府房地产管理部门办理登记备案手续。

（5）房屋交验

在合同规定的房屋交验日，依照中介机构为求租人提供的交验程序，求租人可到房屋现场进行房屋交验，并填写《房屋交验单》，然后就可以领取新居的钥匙。求租人对房屋交验不可大意，交验时应注意以下几个方面：

① 房屋是否与合同约定的一致；

② 家电、家具等是否与合同相符；

③ 钥匙是否已交付；

④ 水电煤气表读数；

⑤ 有关物业服务费出租方是否已结清。

(6) 租后服务

在完成本次租赁之后，如果中介机构建立了会员制度的话，求租人就会成为中介机构的会员。中介机构的房地产经纪人将以跟踪服务的形式为求租人提供多方位的房屋租赁服务、代收代付，并对求租人进行定期回访，了解求租人当前的需要，协调求租人与出租人的关系。求租人将享受到中介机构的网上信息服务和优惠服务。求租人可以就求租房屋过程中的所有问题进行网上投诉，也可以将房屋租赁心得、体会及经验发邮件给中介机构。

2.16 什么是房屋租赁代理？

房屋租赁代理也是房地产经纪机构的一种经营活动，包括房屋出租代理和房屋承租代理。前者是指房地产经纪机构接受房屋出租人的委托，以出租人的名义代理出租房屋，并在出租人授权范围内与承租人签订房屋租赁合同，房地产经纪机构在出租人授权范围内所实施的一切民事行为的法律后果均由出租人承担；后者是指房地产经纪机构接受房屋承租人的委托，以承租人的名义代理承租房屋，并在承租人授权范围内与出租人签订房屋租赁合同，房地产经纪机构在承租人授权范围内所实施的一切民事行为的法律后果均由承租人承担。在实践中，房屋出租代理比较常见，而房屋承租代理则不太多。

房屋租赁代理为盘活存量房屋资源，为市民和流动人口提供充裕房源起到了积极的作用。房屋租赁代理具有以下几个特点：

(1) 房源与承租双方具有多样性

可供代理租赁的房源，既有六七十年房龄的老房子，也有近年新落成的新房子；既有简陋的旧式里弄房子，也有高耸入云的摩天大楼。委托出租人既有公房所有者，也有私房所有者；既有内销商品房所有者，也有外销商品房所有者。委托承租人既有中国公民，也有境外人士；既有本地居民，也有外地人员。诸如此类，使房屋租赁代理具有了多样性。

(2) 房屋租赁代理易受行政、司法行为的影响

尽管可供代理租赁的房源具有多样性,但并不是所有的房屋都可以租赁。为了确保房屋租赁市场的正常发展,维护出租人与承租人的合法权益,《城市房屋租赁管理办法》第六条规定了不得出租的房屋。这就决定了房屋租赁代理易受行政、司法行为的影响。房地产经纪人在审查可供代理租赁的房屋时必须严格依法进行。

(3) 办理房屋租赁登记备案

房屋租赁代理方和有关当事人应到房地产管理部门办理房屋租赁登记备案,并领取《房屋租赁证》。房屋租赁成功,房地产经纪人才可依代理行为收取佣金。

2.17 现房租赁代理应注意哪些问题?

现房租赁代理是房屋租赁代理的一种,它是指已依法办理登记获得房地产权属证书的房屋租赁代理。现房租赁代理应注意以下问题:

(1) 如受出租人委托,出租人应向房屋租赁中介机构出具委托书,并提供房地产权属证书及有关资料。

(2) 如受承租人委托,承租人也应向房屋租赁中介机构出具委托书,并提供承租人的有关证件:境内个人提供身份证或户籍证明,境内单位提供营业执照;境外个人提供护照或还乡证,境外单位则须提供经公证或认证其具有合法资格的证明。

(3) 无论是出租人委托还是承租人委托,都应订立房屋租赁代理合同,明确双方的权利和义务。

(4) 房地产经纪人应对其所代理的房屋情况做详细的了解。如房屋自身情况(层次、朝向、结构、面积等),内装修情况(全装修、部分装修还是未装修),设备情况(有无空调、电话、煤气、卫、水电和家具等)以及周围环境情况(交通、绿化、商场等)。

2.18 如何进行商品房预租代理？

房地产经纪人接受预租委托代理，应当与委托人（房地产开发经营企业）订立委托代理协议，明确代理权限、代理报酬及有关责任。房地产经纪人应当以委托人的名义与承租人订立商品房预租协议。商品房预租协议是房地产经纪人以委托人（房地产开发经营企业）的名义与承租人订立的确定委托人与承租人双方权利义务关系的协议。协议应当载明下列主要内容：

（1）预租双方当事人的姓名或名称及住所；
（2）房屋的坐落地点、面积、四至范围；
（3）土地使用权的获得方式和使用期限以及房地产规划使用性质；
（4）房屋的平面布局、结构、建筑质量、装饰标准以及附属设施、配套设施等状况；
（5）房屋租赁期限、租金及支付方式；
（6）预租期限及预租房屋的交付使用日期；
（7）预付款金额、支付期限及其使用；
（8）违约责任及争议的解决方式等。

商品房预租协议可以使用房地产管理部门指定的示范文本，也可按上述主要规定内容自行拟定。预租协议订立后，双方当事人持协议和有效证件向房地产交易管理部门办理预租登记备案，待预租的商品房竣工验收合格，取得房地产权属证书后，再订立《房屋租赁合同》并办理房屋租赁登记备案。

2.19 什么是商品房先租后售代理？

商品房先租后售也是房屋租赁代理的一种，它是指房屋所有权人（含已经初始登记取得房地产权属证书的商品房开发经营企业）将房屋先出租给承租人使用，再根据合同约定出售给承租人的一种促销行为。

先租后售是为了解决房屋购买人因房屋质量问题、产权证交不出或延期交付等问题与房地产开发经营企业发生"退房"纠纷而产生的。通过这种方式,让承租人对拟购买的房屋建立"安全缓冲区",以便有充裕的时间和使用过程对代购房屋加以了解。如果承租人对承租的房屋满意,则正式签订房屋买卖合同;如果感到不满意,则一旦租赁合同期满,双方的权利义务即告终结,从而使得购房人可以有效地保护自己的利益。开发商或房屋所有人也可借此提高自己的信誉。

2.20 房地产经纪人接受商品房先租后售代理应注意哪些问题?

房地产经纪人接受商品房先租后售代理业务时应注意以下几个问题:

(1) 代理房屋出租时应与承租人订立房屋先租后售合同。

(2) 先租后售合同中除应具备房屋租赁基本条款外,还应明确买卖房屋双方当事人的有关权利、义务和责任。其中包括:买卖该房屋的时限、价格;约定的买卖价格与实际成交时支付价款的计算方式;出租人解除与承租人购房约定的条件等。

(3) 房屋租赁合同订立后,应当在规定的时间内到市、县房地产管理部门办理房屋租赁登记备案手续。

(4) 租赁合同期满前,根据承租人的意愿,再行确定是否订立商品房出售合同或者房屋买卖合同。

2.21 房屋租赁代理合同的主要内容包括哪些?

房地产经纪人承接房屋租赁代理业务,必须与委托人订立房屋租赁代理合同。房地产经纪人与委托人之间的关系是非持续性的,只有订立合同,才能使得双方的委托与被委托、代理与被代理关系在法律上得以明确,从而有效保障双方的合法权益。从实践上看,房屋租赁代理合同包括以下主要内容:

(1) 委托代理事项

合同中的委托代理事项应清晰明了。如是房屋出租还是承租,是增量房还是存量房,是产权房还是使用权房,是繁华地段的房屋还是比较偏僻地段的房屋等。

(2) 委托代理事项的要求和标准

涉及房屋出租的,委托人可以围绕出租时间、租金金额、出租宣传等对房地产经纪人提出要求,房地产经纪人也可以对代理过程中需委托人提供哪些方便提出要求,尤其要对代理完成的标准予以明确。

(3) 合同履行期限

合同履行期限反映了委托代理双方权利和义务的存续时效关系。履行期限一结束,双方当事人之间的权利义务关系即告终止。

(4) 服务费数额、支付方式及时间

合同中应明确代理完成时,委托人应支付的佣金数额。具体支付时间和方式,可以协商议定。有的是分期支付,有的是预收部分委托费,待代理完成后再结算。

(5) 违约责任和纠纷解决方式

委托代理双方应严格按合同规定履行义务。如果因某种原因违约,违约方应承担违约责任。具体解决方式可由双方协商议定。

房地产经纪人最担心的莫过于合同履行将结束时被委托人抛弃,由委托人直接与第三人发生交易行为。对此,房地产经纪人可以在合同中约定:被委托的事项因某种原因未成功,但在以后的一定时间内交易成功,也视为本代理范围,一并收取佣金。这样约定,可以在一定程度上抑制上下家跳开房地产经纪人的做法。

2.22 房地产经纪人了解房屋的基本途径有哪些?

房地产经纪人无论是接受委托出租房屋,还是接受委托求租房屋,都应当对房屋基本情况做一了解。了解的途径主要有三种:

(1) 文字资料了解

房地产经纪人通过查阅房地产权属证书、售楼说明书、项目批准文件、工程概况等文件资料，了解房屋的结构、层次、面积、房型、价格、绿化面积等基本情况。

(2) 现场实地察看

通过现场实地察看，可以了解房屋的成新、外形、房屋的质量(如屋顶、楼面、墙面有无渗漏水迹，有无裂缝；门窗开启是否灵活；上下水道及煤气管道有无渗漏情况等)、房屋的平面布置、公用部位情况、楼宇周围环境、房屋所处地段、交通环境等。

(3) 向有关人员了解

例如，房地产经纪人可以向已入住的业主了解房屋的使用情况。

2.23 房地产经纪人查验房屋应从哪些方面着手？

房地产经纪人查验房屋应从以下几个方面着手：

(1) 房屋的物质状况

包括房屋所在地块的具体位置和形状、朝向、房屋建筑的结构、设备、装修情况、房屋建筑的成新等。

(2) 房屋的环境状况

包括房屋所处的地段、商业、交通及其他生活服务设施配置情况；所在区域的区域性质，如是商业区还是住宅区等；历史、居民素质等文化情况；景观、绿化和环境污染状况等。

(3) 房屋的权属状况

主要包括：

① 房屋权属类别，即是所有权房还是使用权房。如果是所有权房，要注意如果房屋权属归两人或两人以上所有，该房屋即为共有房屋。对共有房屋的出租，须得到其他共有人的书面同意。如果未经其他共有人书面同意，该房屋不得出租，委托代理也不能建立。如果是使用权房，要注意按有关政策尤其是当地的政策规定来办理。

② 房屋权属。权属有争议的、未取得房屋权属证书的、房屋被司法或行政机关依法限制和查封的、依法被收回房屋权属证书等类似的房屋不得出租，因而也不应代理。

③ 房屋其他权利的设定情况，如是否设定抵押权等。

2.24 哪些从事房屋租赁中介业务的人员不受客户欢迎？

从实践来看，下列六类从事房屋租赁中介业务的人员不受客户欢迎：

(1) 死板、性格不开朗的人

性格不开朗的人让人觉得死气沉沉，缺乏朝气，一付阴郁的样子，客户一看就扫兴，心情也会随之阴郁起来。在这种情况下，客户就不会产生与中介机构开展业务的兴趣。性格不开朗的人，从事房屋租赁中介业务很难取得成功。

(2) 说话小声小气、口齿不清的人

从事房屋租赁中介业务，涉及到很多关键性的信息，如房屋坐落、面积、租金等，如果工作人员说话声音太低，客户即使竖起耳朵都听不清，就不得不请求重复。这本身就是让客户感到很难堪的一件事。一旦客户失去耐心，就可能导致整个业务的失败。所以，房屋租赁中介机构的工作人员应养成大声说话的习惯，当然也不是大吼大叫。尤其是女性工作人员，温柔甜美的嗓音可以增大她们成功的砝码。

(3) 过于谨慎、小心的人

谨慎、小心决不是什么毛病，但是过于谨慎、小心对房屋租赁中介机构的工作人员可能就不是什么好事。这样的工作人员会引起客户的不信任感或瞧不起。在开展房屋租赁中介业务过程中保持谨慎小心是应当的。但是，在与客户交往过程中，却不可表现出这方面的倾向。

(4) 过于轻率的人

说话太轻率的人，各种话语会随口说出，是很容易出错的。因为有些话出口，说话者自己也往往心中无数，特别是有些承诺。房屋租赁中介机构的工作人员在与客户沟通过程中，肯定需要一些承诺来取得客户的支持与信任。但轻率地承诺自己办不到的事情，则是十分有害的。一旦承诺无法兑现，客户就会有一种被欺骗的感觉，业务自然也就泡汤了。

（5）老奸巨滑的人

有的人一见面就给人一种老奸巨滑的感觉，眼皮向上翻，皮笑肉不笑，点头哈腰，夸夸其谈等均在其列。也许这个人是一个非常诚实的人，但由于他给人的第一印象就不太好，他就必须花更多的时间和精力去消除别人的误解，也就需要付出更多的成本。

（6）傲慢的人

有些年轻的工作人员自以为自己是大公司出来的，自鸣得意，特别是对于一些中小客户，说话时总想显现出自己比对方优越，趾高气扬，这样一定会伤害客户的自尊心，最终招致他们的反感。房屋租赁中介机构的工作人员必须本着为客户服务的宗旨开展业务。

2.25 出租人与房屋租赁中介机构是什么关系？

出租人与房屋租赁中介机构的关系应视具体情况而定：

（1）如果房屋租赁中介机构向出租人报告订立房屋租赁合同的机会或者提供订立房屋租赁合同的媒介服务，并由出租人支付报酬，则两者之间就是居间合同关系。一般情况下，出租人与房屋租赁中介机构的关系绝大部分是居间合同关系。

（2）如果房屋租赁中介机构接受出租人委托，负责为出租人寻找房客，处理相关房屋租赁事宜，并约定对于中介机构在委托范围内做出的行为由出租人承担法律后果，那么出租人与房屋租赁中介机构之间订立委托合同，两者之间是委托代理关系。

2.26 房屋租赁中介机构可以代表出租人与承租人订立房屋租赁合同吗？

如果房屋租赁中介机构获得了房屋产权所有人的书面授权，

就可以与承租人订立房屋租赁合同了。但承租人一定要仔细查验房屋产权证,确认产权所有人的身份,辨明书面授权的真伪。为了避免上当受骗,必须办理房屋租赁登记备案手续。

2.27 因出租人提供的信息有误而给承租人造成损失的,该怎么办?

房屋租赁中介机构在为承租人提供房源信息时,保证已事先核实,并满足了承租人的特别要求。但因为出租人提供的信息有误或存在欺诈,则应由房屋租赁中介机构先行向承租人承担赔偿损失的责任,之后可以向出租人进行追偿。

2.28 承租人与房屋租赁中介机构是什么关系?

承租人与房屋租赁中介机构的关系应视具体情况而定:
(1) 如果房屋租赁中介机构向承租人报告订立房屋租赁合同的机会或者提供订立房屋租赁合同的媒介服务,并由承租人支付报酬,则两者之间就是居间合同关系。一般情况下,承租人与房屋租赁中介机构的关系绝大部分是居间合同关系。
(2) 如果房屋租赁中介机构接受承租人委托,负责为承租人寻找合适房屋,处理相关房屋租赁事宜,并约定对于中介机构在委托范围内做出的行为由承租人承担法律后果,那么承租人与房屋租赁中介机构之间订立委托合同,两者之间是委托代理关系。

2.29 承租人能否绕过房屋租赁中介机构直接和出租人订立房屋租赁合同?

如果承租人与房屋租赁中介机构之间是居间合同关系,那么承租人和中介机构就应当根据房屋租赁居间合同享受权利并承担义务。

一旦房屋租赁中介机构已向承租人履行了报告订立房屋租赁合同的机会或者提供订立房屋租赁合同的媒介服务的义务,承租人就应当向中介机构履行居间合同规定的支付报酬即中介费的义务。承租人绕过中介机构直接和出租人订立房屋租赁合同，想就此省下中介费，是违反合同的行为。

2.30 在上一种情况下，承租人也需向中介机构支付中介费吗？

应当支付。

因为房屋租赁中介机构已向承租人履行了报告订立房屋租赁合同的机会或者提供订立房屋租赁合同的媒介服务的义务，即使承租人绕过中介机构直接和出租人订立房屋租赁合同，合同的成立也是中介机构促成的，因此中介机构有权获得中介费。

2.31 承租人如何避免房屋租赁中介机构不按照其要求介绍房源？

有些不规范的房屋租赁中介机构为了赚取看房费，可能会非常随意地带着承租人看几套房屋了事。因此，为了避免房屋租赁中介机构不按照要求介绍房源，承租人一定要在合同中明确约定：如果中介机构介绍的房屋与承租人的要求明显不符，承租人则无需支付费用，并有权要求中介机构赔偿损失。为了有明确的依据拒绝支付费用，承租人最好在合同中详细列明找房的具体条件。

2.32 如何在房屋租赁居间或代理合同中约定与费用有关的事项？

为了避免争议，应当在房屋租赁居间或代理合同中约定只有完成委托事项以后才可以支付佣金，并且应当规定具体的佣金数额。如果中介机构没有完成委托事项，还应规定委托人应当支付多少成本费用，以及怎样计算这个成本费用。

2.33 房屋租赁中介机构没有找到房子，承租人还用交费吗？

如果承租人通过房屋租赁中介机构没有找到房子，房屋租赁中介机构不得要求承租人支付费用，但是房屋租赁中介机构为从事居间或代理活动所支出的必要费用，如带领委托人看房的通勤费、电话费等，可以要求委托人支付，委托人也有义务支付。如果委托人拒绝支付的，中介机构可以向人民法院起诉。房屋租赁中介机构与当事人之间有约定的，从其约定。

2.34 房屋租赁中介机构能否将中介业务转委托？

转委托是指房屋租赁中介机构作为代理人，为了被代理人（即出租人或承租人）的利益需要，将其享有的代理权的全部或一部分转委托给具有相应资格的房屋租赁中介机构代理行使的行为。其中，接受转委托的房屋租赁中介机构叫做复代理人或再代理人。相应地，房屋租赁中介机构选任具有相应资格的房屋租赁中介机构，并向其转授代理权的权利称为复任权。根据《民法通则》第六十八条、《合同法》第四百条、《城市房地产中介服务管理规定》第十六条的规定，委托人委托的房屋租赁中介机构应当亲自处理委托的事务。但是，经委托人同意，房屋租赁中介机构可以将委托的房屋租赁中介业务转让委托给具有相应资格的房屋租赁中介机构代理。但是，转委托在适用中应当符合如下法律规定：

（1）转委托的目的必须是为了被代理人的利益需要。

（2）转委托原则上应当取得被代理人的同意（事先授权或事后追认）。根据《民法通则》第六十八条、《合同法》第四百条的规定，房屋租赁中介机构转委托其他具有相应资格的房屋租赁中介机构代理的，应当事先取得被代理人的同意，事先没有取得被代理人同意的，房屋租赁中介机构应当在事后及时告诉被代理人，征得被代理人的同意。

（3）在紧急情况下，房屋租赁中介机构为了维护被代理人的利益需要而转委托的，不论被代理人是否同意，均依法产生转委托的法律效力。

（4）房屋租赁中介机构只能在其享有的代理权限范围内，向复代理人转委托其代理权的全部或者部分,但不得超过其代理权限。

(5) 复代理人是被代理人的代理人,而不是转委托的房屋租赁中介机构的代理人,故复代理人实施代理行为所产生的法律后果均由被代理人承受。

2.35 房屋租赁中介机构将业务转委托给其他中介机构的,应注意哪些事项?

房屋租赁中介机构将出租人(或承租人)委托的中介业务委托给其他房屋租赁中介机构代理的,应注意以下事项:

(1) 房屋租赁中介机构将出租人(或承租人)委托的中介业务委托给其他房屋租赁中介机构代理,不得增加佣金。

(2) 原房屋租赁中介机构可以就委托事务直接指示转委托的新房屋租赁中介机构,原房屋租赁中介机构仅就新房屋租赁中介机构的选任及其对新房屋租赁中介机构的指示承担责任。

(3) 原房屋租赁中介机构未经出租人(或承租人)同意,将出租人(或承租人)委托的中介业务委托给其他房屋租赁中介机构代理的,原房屋租赁中介机构应当对转委托的新房屋租赁中介机构的行为承担责任。

2.36 消费者应如何防范非法房屋租赁中介机构?

《城市房地产中介服务管理规定》第十条规定:"从事房地产中介业务,应当设立相应的房地产中介服务机构。房地产中介服务机构,应是具有独立法人资格的经济组织。"同时,消费者选择房屋租赁中介机构时,应注意以下几点:

(1) 看它有没有工商部门批准的营业执照;
(2) 看它有没有房屋土地管理局审核颁发的资质证书;
(3) 看该中介机构有没有一定规模的固定经营场所;
(4) 看它的资金实力如何;
(5) 看该中介机构在社会的信誉度好不好。

2.37 如何防范房屋租赁中介机构利用虚假广告欺骗消费者？

目前，不少房屋租赁中介机构只想赚钱，根本不顾消费者的利益，向消费者推介的房源信息，往往相互买、相互抄，不是延期，就是不准，还有虚假的，导致不少消费者来回找，东西跑，既浪费了时间，也损失了不少钱财。消费者在利用中介求租时应注意以下两点：

（1）对于房屋租赁中介机构提供的房源信息要认真考证，以辨明真伪。否则，大量虚假信息以及重复使用信息会使消费者不堪重负，中介机构也会名正言顺地不退押金，最终受到损害的仍然是消费者。

（2）租房时，尽量找一些有资质的大型中介机构。在绝大多数情况下，只有一间房子、一个办公桌的中介机构通常会很有理地告诉你，房子不满意，钱也不能退。

2.38 什么是"房屋银行"？

"房屋银行"是贵州房屋置换中心自1999年底建立并逐步完善的一种房屋租赁制度。"房屋银行"就是要营造一种制度环境，将房屋使用权货币化以后，通过貌似金融运作的方式，达到房屋资源的最优化配置。

"房屋银行"，就是说房屋也可像钱存入银行一样，客户将房子存入当地的房屋置换中心租赁部，由租赁部运用科学的方法测算出房屋正常的出租价格，经房主认可后出租。客户存房后，房屋的租赁将由置换中心全权负责，房屋可委托置换中心管理。客户在存房的同时，会得到一个由银行签发的存折及银行卡，每月不再由客户向承租户直接收取租金，而是由置换中心租赁部按月定期将房屋租金直接划到客户的账户上，租金从房屋第一次出租之日开始计算。置换中心一般都会向客户承诺，存入房屋置换中心租赁部的房屋每半年除留出20天的租赁工作期和房屋交接期外，其余时间均计租，无论租出与否，租金照常打到客户账上，风险由置换中心承担。这样，既免除了客户在租房期间的一切事务或纠纷，同时也使客户不再因为房屋租不出去造成空置而发愁。一般情况下，"房屋银行"存房、租房，都不收取任何费用。

2.39 "房屋银行"具有哪些优点？

"房屋银行"模式具备了三结合的优点：
（1）市场化与公益化相结合，经济效益与社会效益相结合；
（2）法制化与科学化相结合；
（3）从未来发展上看，是房屋存量交易与增量交易相结合。
"房屋银行"的推出不仅具有以上作用与优点，同时，在税收方面，还对国家确定和调整有关房屋租赁税率起到积极的参考作用。

2.40 "房屋银行"的具体操作流程如何？

"房屋银行"操作流程框图如下：

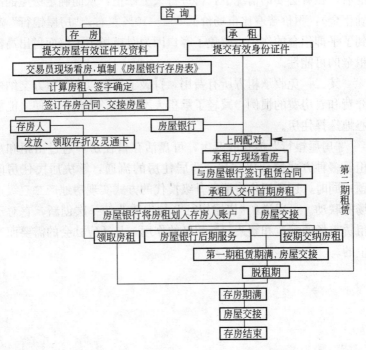

2.41 "房屋银行"模式的精髓是什么？

"房屋银行"模式的精髓是：五赢，双利。

五赢即：一是房主赢，业主收取租金，收益率高；二是承租人赢，可节约经费；三是置换中心赢，可通过规范操作获取利润；四是银行赢，可通过资金流转获取利润；五是国家赢，可规范市场、增加税收，是最大的赢家。

对出租方而言，其利在于：一是物业本身升值；二是获得稳定租金；三是租金存入银行获得利息。

对于承租方而言，其利在于：

其一，"房屋银行"的房屋租金是经过科学的标准计算出来的（"房屋银行"租金测算软件，从房屋的地段、户型、装修、设施、环境、甚至空气指数等全方位对租金进行测算，得出租金标准后，在有必要的情况下，再进行人工修正，从而确定房屋的准确租金），租价普遍比市场价低5%~10%左右，"房屋银行"起到了平抑租金的作用，避免了客户因为对市场不了解而付出高额租金的可能性。

其二，免收承租方所有费用，打破了长期以来承租方交纳中介费和看房费的惯例；减轻了承租人不少的经济负担，使之能放心地选择住房。

"房屋银行"模式的诞生，可盘活存量住房，通过出租和承租等多种方式搞活居住房、非居住房的流通，解决居民住房问题；同时，还利用住房消费升级换代的方式实现房地产二三级市场的联动。可以说，"房屋银行"是租赁业的一次创新，它对于租赁市场的规范和繁荣起着积极的作用，是适应社会的需要而产生的。

第 3 章 可租赁的房屋

对于房屋租赁而言，并不是所有房屋都是可以租赁的。只有具备特定条件的房屋才可以租赁。同时，在现实生活中，除了私房租赁最常见以外，还存在着大量的特殊房屋的租赁，如公房、城镇廉租住房、经济适用房、军产住房、周转住房和合作住宅等等。不同类型房屋的租赁，具有不同的程序和要求，也有自己比较独特的和应当注意的事项。了解私房租赁与特殊房屋租赁的有关知识，可以使出租人或承租人少走弯路，少犯错误，也有利于保护他们的合法权益。

3.1 可租赁的房屋如何分类？

根据不同的标准，可以将可租赁的房屋进行如下分类：
(1) 公房和私房

公房是指国家所有或集体所有的房屋。依据该定义，公房可以分为国家所有的公房与集体所有的公房。在我国，集体房屋租赁的情况不是很多，该类房屋租赁由集体经济组织自行管理。因此，一般情况下我们所说的公房租赁，主要是指国有房屋的租赁。按照管理部门的不同，国有房屋又分为直管公房（统管公房）与自管公房（非统管公房）。直管公房是指由国家授权的各级人民政府房地产管理部门管理的房屋；自管公房是指由国家授权的机关、事业单位、社会团体、国有企业单位自行管理的房屋。

私房是指自然人个人所有的房屋。私房本应包括农村私房和城市私房，但是，对于农村私房租赁，法律法规鲜有规定，一般由当事人自行协商订立租赁合同。因此，在没有特别说明的情况下，本书中所说的私房主要是指城市私房。根据《城市私有房屋管理条例》第二条的规定，城市私有房屋是指直辖市、市、镇和未设镇建制的县城、工矿区内个人所有、数人共有的自用或出租的一切住宅和非住宅用房。

（2）住宅用房、办公用房与生产、经营活动用房

按照房屋用途的不同，可以将可出租的房屋分为住宅用房、办公用房和生产、经营活动用房。

住宅用房，是指供家庭居住使用的房屋。因其是人们必需的生活资料，所以对于住宅用房的租赁，法律、法规及相关政策都有较全面的规定。

办公用房是指供办公使用的房屋；生产用房，是指城市物质生产部门的用房，包括工业、交通运输业、建筑业等所使用的房屋；经营性用房，主要包括商店、银行、邮电、旅馆等所使用的房屋。因为承租人租用房屋的目的是从事生产经营活动，确切地讲，就是营利活动，因而房屋租金并不执行国家规定的标准，可由当事人根据市场情况，自行协商确定。办公用房和生产经营活动用房又可统称为非住宅用房。

3.2　什么是公房租赁？

公房租赁是指公房所有人或管理人以出租人的身份，将国家所有或集体所有的房屋交给承租人使用、收益，由承租人向出租人支付租金的行为。与私房租赁相比，公房租赁有几个特点：

（1）出租的房屋公有，也就是公房的出租人为公房所有人或经营管理人。

（2）公房租赁也必须订立书面合同，且多采用格式合同。合

同的主要内容一般由出租人单方面拟定，不与承租人进行协商，承租人要么接受，要么不接受，没有太大的选择余地。

（3）公房租赁的租金一般比较低，多有福利色彩。

（4）公房租赁的期限一般都比较长，如果住宅用房承租人在租赁期限内死亡的，共同居住两年以上的家庭成员可以继续承租。

3.3 符合什么条件的已购公房才能出租？

按照我国法律法规的有关规定和公房租赁实践，符合下列条件的已购公房都可按照市场价格进行出租：

（1）已取得房屋所有权证；

（2）不是法律法规规定的不能上市出租的已购公房；

（3）所有权共有的房屋，已取得其他共有人的同意；

（4）已设定抵押的房屋，已取得抵押权人的同意。

经公房的所有人或经营管理人同意，公民个人可以将公房出租。公民、法人或其他组织对享有所有权的房屋和国家授权经营和管理的房屋可以依法出租。公房所有权单位或经营管理单位可以按照规定或者协议分享转租公房的利益。且承租人经出租人同意，可以依据《城市房屋租赁管理办法》的规定将房屋转租。

3.4 哪些已购公房不能出租？

按照我国法律法规的有关规定和公房租赁实践，下列已购公房不得出租：

（1）以低于城镇住房制度改革政策规定的价格购买并且没有按照规定补足房屋价款的；

（2）已经被列入拆迁范围并已冻结户口的；

（3）擅自改变房屋使用性质的；

（4）法律、法规以及建设部、当地市、县人民政府规定的其他不得出租的情形。

3.5 按照房改标准价格购买的公房可以出租吗？

按照房改标准价格购买的公房的买受人对房屋拥有的产权是有限制的，能否出租，应视具体情况而定：

(1) 已按房改标准价格购买的公房，购买者在自愿的基础上按成本价补足房价款及利息，取得了已购公房的完整产权后，可以将房屋出租。

(2) 已按房改标准价格购买的公房，购买者没有按成本价补足房价款及利息的，其对已购公房享有的是部分产权。如果想出租，必须事先征得原产权单位的同意。同时，将出租房屋所得收益按一定比例交给原产权单位（至于比例的大小，不同地区的情况各异）。

3.6 谁可以将已购公房出租？

已购公房的出租人一般是房屋的所有人。作为该房屋的出租代理人如取得出租房屋产权人的书面委托，也可以作为出租人。没有房屋所有人委托代理出租的书面证明，是无权办理该房屋的出租事宜的。即使是订立了房屋租赁合同，也是非法的、无效的。

如果该已购公房有同住成年人的，出租人必须与同住成年人协商，取得一致意见后，形成同意出租的书面证明和委托书。只有这样，出租人才可以出面与承租人洽谈、订立房屋租赁合同并办理登记备案等手续。

3.7 出租人如果将所租住的公房作为廉租房转租，需要经过单位同意吗？

对于出租人租住的公房，如果取得拥有该公房所有权单位或授权经营管理单位的同意，出租人即有权转租公房，且如果出租人将自己租住的公房作为城镇廉租房出租的，无需经过单位同意，而单位也无权分享出租该公房所获得的收益，但应向所在市区房屋土地管理机关申报。

3.8 有两个以上家庭共同承租公房的,住房面积如何核定?

有两个以上家庭共同承租公房的,住房面积按职工居住的居室面积和应分摊的面积之和核定,具体公式为:

住房面积=(本套楼房建筑面积－居室面积之和)×分摊系数＋居室面积。

分摊系数为居室户数的倒数。

3.9 公房变更为由子女承租的,如何核定住房面积?

原分配给职工夫妇双方承租的公房,住房现承租人无论是职工及其配偶,还是其子女,原则上核定为职工本人及其配偶的住房面积。

如果超过其住房面积标准,视为其住房已达标,对其超标处理时,可将超标部分核定为子女的住房面积,不再对职工本人进行超标处理。核定在子女名下的住房,如按子女的标准衡量,属未达标的,其子女可申请差额补贴;属超标的,按超标规定处理。

职工夫妇双方去世后,其承租的公房转由子女承租或购买,该住房面积核定为现承租人的住房面积。但子女以继承、受赠等方式取得的职工以房改成本价购买的住房,不核定为子女的住房面积。

3.10 职工承租不可售公房的,是否可以享受住房补贴?

不可售公房包括:平房,筒子楼,简易房,危险房,违章建筑和近期需要拆除的住房,具有历史纪念意义的住房,党政、科研机关及大专院校内与机关、办公不可分割的住房,不可售军产房。

租住不可售公房且无其他住房的,经所在单位同意,并腾退其现住房后,可比照差额补贴计算公式发放购房补贴。其购房补贴的发放采取一次性补贴的方式。计算公式为：（基准补贴额＋工龄补贴额×建立住房公积金前的工龄）×购房补贴建筑面积标准。

3.11　同时承租可售公房和不可售公房的，住房面积如何计算？

职工承租或购买可售住房，并同时承租不可售住房的，住房面积核定时应合并计算，待其腾退不可售住房后不达标时，由所在单位按规定计发差额补贴。

3.12　在原工作地已承租公房的调京干部，住房补贴如何计发？

在原工作地已承租公房的调京干部，分以下几种情况处理：

（1）在原工作地承租公房，并退还原承租住房的调动干部，比照腾退不可售公房方式计发一次性补贴，并享有购买国家机关职工住房的资格。

（2）在原工作地已承租的公房不退回的调动干部，按当地商品房的市场均价计算其原住房价值量，与其同职级干部在北京所享受住房的价值量相比较，如不足则补足其差额部分（只限于夫妻一方），如高于则不追回。该调京干部不再享有购买国家机关职工住房的资格。

3.13　在原工作地没有承租公房的调京干部，住房补贴如何计发？

在原工作地没有承租或购买公房的调动干部，分以下几种情况处理：

（1）在原工作地已领取住房补贴的无房户，调京后按照在京中央和国家机关无房户标准重新计算调京之前的补贴额，补发相应职级的差额部分，调京之后继续享有同等职级按月补贴，并享有购买国家机关职工住房的资格。

（2）在原工作地未领取住房补贴的无房户，调京后按照在京中央和国家机关无房户标准，补发其新任级别面积标准或应享受的按月补贴,并享有购买国家机关职工住房的资格。

3.14 什么情况下,离婚的夫妻均可承租共同居住的公房?

夫妻共同居住的公房,具有下列情形之一的,离婚后,双方均可承租:
(1) 婚前由一方承租的公房,婚姻关系存续5年以上的;
(2) 婚前一方承租的本单位的房屋,离婚时,双方均为本单位职工的;
(3) 一方婚前借款投资建房取得的公房承租权,婚后夫妻共同偿还借款的;
(4) 婚后一方或双方申请取得公房承租权的;
(5) 婚前一方承租的公房,婚后因该承租房屋拆迁而取得房屋承租权的;
(6) 夫妻双方单位投资联建或联合购置的共有房屋的;
(7) 一方将其承租的本单位的房屋,交回本单位或交给另一方单位后,另一方单位另给调换房屋的;
(8) 婚前双方均租有公房,婚后合并调换房屋的;
(9) 其他应当认定为夫妻双方均可承租的情形。

3.15 对夫妻双方均可承租的公房,离婚时应依照什么原则处理?

对夫妻双方均可承租的公房,离婚时应依照下列原则予以处理:
(1) 照顾抚养子女的一方;
(2) 男女双方在同等条件下,照顾女方;
(3) 照顾残疾或生活困难的一方;
(4) 照顾无过错一方。

3.16 在享受工龄优惠后所购公房是否属夫妻共同财产?

夫妻一方死亡后,如果遗产已经继承完毕,健在一方用自己的积蓄购买的公房应视为个人财产,购买该房时所享受的已死亡配偶的工龄优惠只是属于一种政策性补贴,而非财产或财产权益。夫妻一方死亡后,如果遗产没有分割,应予查明购买房款是夫妻双方的共同积蓄,还是配偶一方的个人所得,以此确认所购房屋是夫妻共同财产还是个人财产;如果购房款是夫妻双方的共同积蓄,所购房屋应视为夫妻共同财产。

3.17　承租的公房能继承吗?

在我国以前的住房制度中,职工住房多是由国家来解决,采用承租公房的形式。一般是子女与父母长期同住,同一户籍,父母去世后子女理应能够延续承租公房,房产管理部门应变更承租人名称。在现实生活中,因住房紧张,很多子女及亲属只能暂时挤住于父母或其他直系长辈的公房内。造成此类问题的主要原因是:当事人对承租权与所有权的关系混淆、公房与私有财产关系的混淆。多个子女争一处公房的居住权,也是引起家庭内部矛盾的主要原因之一。

根据《继承法》的规定,继承人所能继承的只能是属于被继承人(死者)个人所有的合法财产,即公民死亡时遗留的财产。公房与私房的性质不同,其所有权不属于个人,而属于国家或集体所有,不属于可继承财产的范围,任何个人都无权擅自处理其所有权和使用权。因此,承租的公房不能由继承人继承。

3.18　公房承租人死亡后,其承租的公房如何处理?

公房承租人死亡后,其承租的公房不能由继承人继承,原租赁合同即告终止。公房的所有权人(即国家房管部门或房屋产权所属的有关单位)有权决定收回或另行安排他人居住,或按当时的公房分配制度,延续承租权,且只能由与原承租人长期同住且别无他房的家庭成员提出续租申请,申请经批准后,申请人便享有对该房屋合法的承租权和使用权。

3.19 什么是城镇廉租住房？

所谓城镇廉租住房，就是指政府在住房领域实施社会保障职能，向具有城镇常住居民户口的最低收入家庭提供的租金相对低廉的普通住房。城镇廉租住房的租赁是政府为建立和完善多层次的住房供应体系，解决城镇最低收入家庭的住房困难问题而采取的一种社会保障性的房屋租赁方式。

国家在土地使用、租金标准、税费收取等方面都给予了城镇廉租住房大量的优惠政策：

(1) 政府新建的廉租住房建设用地实行行政划拨方式供应；

(2) 各级地方人民政府，在行政事业性收费等方面给予政策优惠；

(3) 对地方人民政府房地产行政主管部门购买旧住房作为廉租住房以及实物配租的廉租住房租金收入按照规定给予税收优惠。

3.20 城镇廉租住房的主管部门是谁？

国务院建设行政主管部门对全国城镇最低收入家庭廉租住房工作实施指导和监督。省、自治区人民政府建设行政主管部门对本行政区域内城镇最低收入家庭廉租住房工作实施指导和监督。市、县人民政府房地产行政主管部门负责本行政区域内城镇最低收入家庭廉租住房管理工作。各级人民政府财政、民政、国土资源、税务等部门按照本部门职责分工，负责城镇最低收入家庭廉租住房的相关工作。

3.21 申请廉租住房的家庭应当具备哪些条件？

申请廉租住房的家庭(以下简称申请家庭)应当同时具备下列条件，缺一不可：

(1) 申请家庭人均收入符合当地廉租住房政策确定的收入标准；

(2) 申请家庭人均现住房面积符合当地廉租住房政策确定的面积标准;

(3) 申请家庭成员中至少有 1 人为当地非农业常住户口;

(4) 申请家庭成员之间有法定的赡养、扶养或者抚养关系;

(5) 符合当地廉租住房政策规定的其他标准。

3.22 申请城镇廉租住房的程序如何?

城镇廉租住房的承租实行申请审批制度,具体程序如下:

(1) 申请

申请城镇廉租住房的最低收入家庭,应当由申请家庭的户主作为申请人;户主不具有完全民事行为能力的,申请家庭推举具有完全民事行为能力的家庭成员作为申请人。申请人应当向户口所在地街道办事处或乡镇人民政府(以下简称受理机关)提出书面申请,并提供下列申请材料:

① 民政部门出具的最低生活保障、救助证明或政府认定有关部门或单位出具的收入证明;

② 申请家庭成员所在单位或居住地街道办事处出具的现住房证明;

③ 申请家庭成员身份证和户口簿;

④ 地方政府或房地产行政主管部门规定需要提交的其他证明材料。

申请人为非户主的,还应当出具其他具有完全民事行为能力的家庭成员共同签名的书面委托书。

(2) 受理并移交

受理机关收到城镇廉租住房申请材料后,应当及时做出是否受理的决定,并向申请人出具书面凭证。申请资料不齐全或者不符合法定形式的,应当在 5 日内书面告知申请人需要补正的全部内容,受理时间从申请人补齐资料的次日起计算;逾期不告知的,自收到申请材料之日起即为受理。材料齐备后,受理机关应当及时签署意见并将全部申请资料移交房地产行政主管部门。

(3) 审核、公示

接到受理机关移交的申请资料后,房地产行政主管部门应当会同民政等部门组成审核小组予以审核。并可以通过查档取证、入户调查、邻里访问以及信函索证等方式对申请家庭收入、家庭人口和住房状况进行调查。申请家庭及有关单位、组织或者个人应当如实提供有关情况。房地产行政主管部门应当自收到申请材料之日起 15 日内向申请人出具审核决定。

经审核不符合条件的,房地产行政主管部门应当书面通知申请人,说明理由。经审核符合条件的,房地产行政主管部门应当在申请人的户口所在地、居住地或工作单位将审核决定予以公示,公示期限为 15 日。

(4) 登记并书面通知申请人

经公示无异议或者异议不成立的,由房地产行政主管部门予以登记,并书面通知申请人。经公示有异议的,房地产行政主管部门应在 10 日内完成核实。经核实异议成立的,不予登记。对不予登记的,应当书面通知申请人,说明不予登记的理由。

(5) 排队轮候

对于已登记的、申请租赁住房补贴或者实物配租的家庭,由房地产行政主管部门按照规定条件排队轮候。经民政等部门认定的由于无劳动能力、无生活来源、无法定赡养人、扶养人或抚养人、优抚对象、重度残疾等原因造成困难的家庭可优先予以解决。

轮候期间,申请家庭收入、人口、住房等情况发生变化,申请人应当及时告知房地产行政主管部门。经审核后,房地产行政主管部门应对变更情况进行变更登记,不再符合廉租住房条件的,由房地产行政主管部门取消资格。

(6) 配租

城镇廉租住房的保障方式不同,配租的方式也不同。不同保障方式的具体配租方法后文有详细论述。

(7) 公布配租结果

房地产行政主管部门应当在发放租赁住房补贴、配租廉租住房或租金核减后一个月内将配租结果在一定范围内予以公布。

3.23 城镇廉租住房的保障方式有哪些？

根据《城镇廉租住房管理办法》第五条规定，城镇廉租住房保障方式应当以发放租赁住房补贴为主，实物配租、租金核减为辅。

租赁住房补贴，是指市、县人民政府向符合条件的申请对象发放补贴，由其到市场上租赁住房。

实物配租，是指市、县人民政府向符合条件的申请对象直接提供住房，并按照廉租住房租金标准收取租金。

租金核减，是指产权单位按照当地市、县人民政府的规定，在一定时期内对现已承租公房的城镇最低收入家庭给予租金减免。

3.24 城镇廉租住房保障资金的来源有哪些？

城镇廉租住房保障资金的来源，实行财政预算安排为主、多种渠道筹措为辅的原则，主要包括：

（1）市、县财政预算安排的资金

从实践来看，市、县财政预算安排的资金包括以下两部分：

一是在中央对省和省对下级财政一般性转移支付时，考虑城镇廉租住房标准支出因素，安排一定资金用于保障城镇廉租住房的制度建设。

二是市、县自己财政预算安排的资金。

（2）住房公积金增值收益中按规定提取的城市廉租住房补充资金

一般来说，住房公积金增值收益扣除计提住房公积金贷款风险准备金、管理费用等费用后的余额要按照规定用作城镇廉租住房保障补充资金。

（3）社会捐赠的资金

对于社会各界自愿向市、县人民政府及有关部门捐赠用于城镇廉租住房保障的资金,一般实行税收优惠政策。

(4) 其他渠道筹集的资金

如从土地出让净收益中安排一定资金用于城镇廉租住房建设。从实践情况来看,具体按照当年实际收取的土地出让总价款扣除实际支付的征地补偿费、拆迁补助费、土地开发费、计提用于农业土地开发的资金以及土地出让业务费后余额的5%左右核定。

城镇廉租住房保障资金实行财政专户管理,专项用于租赁住房补贴的发放、廉租住房的购建、维修和物业管理等,不得挪作他用。城镇廉租住房保障资金实行项目预算管理。其中:用于城镇廉租住房建设的,还应当编制政府采购预算,实行公开招标,降低城镇廉租住房建设成本。各级财政、审计部门要加强对城镇廉租住房保障资金的使用监督,确保城镇廉租住房保障资金专款专用。

3.25 实物配租的廉租住房的来源有哪些?

实物配租的廉租住房的来源主要包括:
(1) 政府出资收购的住房;
(2) 社会捐赠的住房;
(3) 腾空的公房;
(4) 政府出资建设的廉租住房;
(5) 其他渠道筹集的住房。

实物配租的廉租住房来源应当以收购现有旧住房为主,限制集中兴建廉租住房。实物配租应面向孤、老、病、残等特殊困难家庭及其他急需救助的家庭。

3.26 已准予租赁住房补贴的家庭应当如何办理手续?

已准予租赁住房补贴的家庭,按下列程序办理:
(1) 订立《廉租住房租赁补贴协议》

已准予租赁住房补贴的家庭应当与房地产行政主管部门签订《廉租住房租赁补贴协议》。协议应当明确租赁住房补贴标准、停止廉租住房补贴的规定及违约责任。

(2) 选择适当住房并与出租人达成租赁意向

租赁补贴家庭根据协议约定，可以根据居住需要，选择适当的住房，并与出租人达成租赁意向。

(3) 报房地产行政主管部门审查

租赁补贴家庭在与承租人达成租赁意向后，报房地产行政主管部门审查。

(4) 订立房屋租赁合同并备案

经房地产行政主管部门审查同意后，租赁补贴家庭即可与出租人签订房屋租赁合同，并报房地产行政主管部门备案。

(5) 发放租赁补贴

房地产行政主管部门按规定标准向该家庭发放租赁补贴，用于冲减房屋租金。

3.27 已准予实物配租的家庭应当如何办理手续？

已准予实物配租的家庭，应当与廉租住房产权人签订《廉租住房租赁合同》。合同应当明确廉租住房情况、租金标准、腾退住房方式及违约责任等内容。承租人应当按照合同约定的标准缴纳租金，并按约定的期限腾退原有住房。

确定实物配租的最低收入家庭不接受配租方案的，原则上不再享有实物配租资格，房地产行政主管部门可视情况采取发放租赁住房补贴或其他保障方式对其实施住房保障。

3.28 已准予租金核减的家庭应当如何办理手续？

已准予租金核减的家庭，按以下程序办理：

(1) 取得房地产行政主管部门出具的租金核减认定证明。

(2) 到房屋产权单位办理租金核减手续。

3.29 享受廉租住房待遇的最低收入家庭应如实申报哪些内容？

根据《城镇最低收入家庭廉租住房管理办法》规定，享受廉租住房待遇的最低收入家庭应当按年度向房地产行政主管部门或者其委托的机构如实申报家庭收入、家庭人口及住房变动情况。房地产行政主管部门应当每年会同民政等相关部门对享受廉租住房保障家庭的收入、人口及住房等状况进行复核，并根据复核结果对享受廉租住房保障的资格、方式、额度等进行及时调整并书面告知当事人。对家庭收入连续一年以上超出规定收入标准的，应当取消其廉租住房保障资格，停发租赁住房补贴，或者在合理期限内收回廉租住房，或者停止租金核减。

3.30 不再符合租住廉租住房条件而继续租住的，应如何处理？

承租城镇廉租住房的原因是多种多样的，而承租家庭租廉租住房的条件也不是一成不变的。在承租期间，如果承租人的家庭人均收入超过当地廉租住房政策确定的收入标准，或者承租人的家庭人均现住房面积超过当地廉租住房政策确定的面积标准，或者承租人的家庭成员之间丧失法定的赡养、扶养或者抚养关系，或者不符合当地廉租住房政策规定的其他标准的，承租人的家庭已不再符合租住廉租住房的条件。出现这些情形之一的，承租人应当依照《廉租住房租赁合同》腾退廉租房。如果继续租住的，承租人应当按商品住房的市场租金补交租金差额。

3.31 哪些情况可以导致城镇廉租住房保障资格的取消？

根据《城镇最低收入家庭廉租住房申请、审核及退出管理办法》第十五条规定，享受廉租住房保障的家庭有下列情况之一的，由房地产行政主管部门做出取消保障资格的决定，收回承租的廉租住房，或者停止发放租赁补贴，或者停止租金核减：

(1) 未如实申报家庭收入、家庭人口及住房状况的；

（2）家庭人均收入连续一年以上超出当地廉租住房政策确定的收入标准的；

（3）因家庭人数减少或住房面积增加，人均住房面积超出当地廉租住房政策确定的住房标准的；

（4）擅自改变房屋用途的；

（5）将承租的廉租住房转借、转租的；

（6）连续六个月以上未在廉租住房居住的。

房地产行政主管部门做出取消保障资格的决定后，应当在5日内书面通知当事人，说明理由。享受实物配租的家庭应当将承租的廉租住房在规定的期限内退回。逾期不退回的，房地产行政主管部门可以依法申请人民法院强制执行。

3.32 法律法规对城镇廉租住房租金有什么规定？

城镇廉租住房租金，是指享受廉租住房待遇的城镇最低收入家庭承租廉租住房应当交纳的住房租金。目前，对城镇廉租住房租金进行规范的法规是国家发展和改革委员会与建设部于2005年3月14日联合发布的《城镇廉租住房租金管理办法》。具体规定如下：

(1) 主管部门

县级以上地方人民政府价格主管部门是廉租住房租金的主管部门，依法对本地区廉租住房租金实施管理。县级以上地方人民政府房地产行政主管部门应协助价格主管部门做好廉租住房租金管理工作。

(2) 定价形式

廉租住房租金实行政府定价。所谓政府定价，是指依照《中华人民共和国价格法》规定，政府价格主管部门或其他有关部门，按照定价权限和范围制定的价格。城镇廉租房租金的具体定价权限按照地方定价目录的规定执行。

(3) 租金标准

廉租住房租金标准原则上由房屋的维修费和管理费两项因素

构成,并与城镇最低收入家庭的经济承受能力相适应。

维修费是指维持廉租住房在预定使用期限内正常使用所必须的修理、养护等费用。

管理费是指实施廉租住房管理所需的人员、办公等正常开支费用。

制定和调整廉租住房租金标准,应当遵循公正、公开的原则,充分听取社会各有关方面的意见。廉租住房租金标准制定或调整,应当在媒体上公布,并通过政府公报、政府网站或政府信息公告栏等方式进行公示。

(4) 计租单位

廉租住房的计租单位应当与当地公房租金计租单位一致。

3.33 什么是经济适用住房?

经济适用住房,是指政府提供政策优惠,限定建设标准、供应对象和销售价格,具有保障性质的政策性商品住房。它有以下几个特点:

(1) 经济适用住房建设用地,实行行政划拨方式供应。经济适用住房建设和经营中的行政事业性收费,减半征收;经济适用住房项目小区外基础设施建设费用,由政府负担。

(2) 经济适用住房严格控制在中小套型,中套住房面积一般控制在 $80m^2$ 左右,小套住房面积一般控制在 $60m^2$ 左右。

(3) 用于出租的经济适用住房,其租金标准由有定价权的价格主管部门会同经济适用住房主管部门在综合考虑建设成本、管理成本和不高于3%利润的基础上确定。

3.34 申请承租经济适用住房的条件是什么?

根据《经济适用住房管理办法》第二十条规定,符合下列条件的家庭可以申请承租一套经济适用住房:

(1) 有当地城镇户口(含符合当地安置条件的军队人员)或市、县人民政府确定的供应对象;

(2) 无房或现住房面积低于市、县人民政府规定标准的住房困难家庭；

(3) 家庭收入符合市、县人民政府划定的收入线标准；

(4) 市、县人民政府规定的其他条件。

享受承租经济适用住房的条件及面积标准由市、县人民政府根据当地商品住房价格、居民家庭可支配收入、居住水平和家庭人口结构等因素规定并向社会公布。

3.35 如何申请承租经济适用住房？

根据《经济适用住房管理办法》和实践惯例，承租经济适用住房的程序如下：

(1) 申请

申请人应当持家庭户口本、所在单位或街道办事处出具的收入证明和住房证明以及市、县人民政府规定的其他证明材料，向市、县人民政府经济适用住房主管部门提出申请。

(2) 核查并公示

市、县人民政府经济适用住房主管部门应当在规定时间内完成核查。符合条件的，应当公示。公示后有投诉的，由经济适用住房主管部门会同有关部门调查、核实；对无投诉或经调查、核实投诉不实的，在经济适用住房申请表上签署核查意见，并注明可以承租的经济适用房的面积和租金标准。

(3) 订立房屋租赁合同

符合条件的家庭，可以持核准文件承租一套与核准面积相对应的经济适用住房，并与经济适用住房建设单位订立房屋租赁合同。

(4) 登记备案

符合条件的家庭在与经济适用住房建设单位订立房屋租赁合同后，应当到房屋所在地的市、县人民政府房屋管理部门办理登记备案手续。

3.36 军队房屋可以出租吗?

根据《中国人民解放军房地产管理条例》(1990年4月20日中华人民共和国中央军事委员会发布，自发布之日起施行)的有关规定，对于军队房屋而言，只有空余房屋才能出租，其他房屋不得出租。利用军队空余房屋进行出租的，应注意以下几个问题：

(1) 军队空余房屋的范围包括：各级房地产管理部门直接管理的房屋；经过核定营房限额住用面积后空余的整座、成片房屋；在用营区的零星院落；地处城市繁华地段、且被纳入城市规划开发和改造的营区等。部队住用限额内的房屋，划定为军事禁区和安全保密要求高的单位使用的房屋，不得用于租赁。在用营区划为军事行政区的房屋不准租与外商。

(2) 利用军队空余房屋出租，必须在保证战备和部队住用并保守军事秘密的前提下进行，并须纳入军队房地产管理部门归口管理。各军区、各军兵种、各总部、国防科工委等大单位房地产主管部门，负责所辖范围内的房地产开发经营的归口管理工作。各单位(包括生产经营单位)利用军队房地产开发经营，组建房地产开发企业及其开发项目的立项审批、业务管理等，应按供管渠道归口办理，任何单位和部门不得越权承办房地产开发事宜。军队房地产开发经营的方针政策和归口管理办法，按军委、总部的有关规定执行。

(3) 利用军队空余房屋出租，必须严格履行报批手续，办理登记注册，按规定征收房地产使用费。收益分配，按总后勤部有关规定执行。凡开发利用军队房地产，不论数量多少，一律报总后勤部审批；如涉及到军事设施安全保密、影响军事设施使用效能或妨碍军事活动正常进行的，报总参谋部、总后勤部审批；房产产权和土地使用权转让给外商的，报中央军委审批。

(4) 对房屋承租人必须实行严格审查制度，不得租赁给既无法人地位，又无经济保障的人员和民间组织。

(5) 利用军队空余房屋与地方或外商合作开发经营，必须签订完备的合同或协议。军队单位签订合同或协议时，其文本应报上级房地产主管部门审查后方能签约，并经地方公证机关公证。合同或协议中必须明确写入经军队主管机关审批后才能生效的条款。

(6) 自2004年8月1日起，对军队空余房产租赁收入暂免征收营业税、房产税；此前已征税款不予退还，未征税款不再补征。暂免征收营业税、房产税的军队空余房产，在出租时必须悬挂《军队房地产租赁许可证》，以备查验。

3.37 租住军产房的住户，其租金的计租原则是什么？

租住军产房的住户，住房租金以标准条件住房的基本月租金为基数，实行多住房多交租，超标准住房加租，不同条件的住房有适当差别的计租原则。

其中，标准条件住房的要求如下：
(1) 建筑结构：钢筋混凝土结构、混合结构、砖(石)木结构等。
(2) 地面：水泥地面。
(3) 装修：内墙面为抹灰墙面；顶棚为原顶抹灰；门窗为普通木门窗或普通钢门窗。
(4) 设备：水、电、暖(指集中采暖地区)、厕所到户。

3.38 租住军产房的住户，住房租金是如何计算的？

租住军产房的住户，其住房租金由面积租金和附加设备租金两部分组成，按月计算。

(1) 面积租金计算

① 计算面积租金一律采用使用面积，以平方米(m^2)为计量单位。使用面积中分全额计租面积、部分计租面积、不计租面积和免交租金面积四种。其中：

全额计租面积包括卧室、起居室、过道、过厅(堂屋)、厨房、餐厅、储藏室、卫生间、厕所、封闭阳台、暖廊等；层高在2.20m以上的地下（半地下）室、阁楼；专为住户配套建设的永久性房屋。

部分计租面积包括地下（半地下）室、阁楼层高平均在2.2～1.7m(含)的，按使用面积的50%计租；独户使用的楼梯间，按使用面积的50%计租；未封闭或自费封闭的阳台，按使用面积的50%计租。

不计租面积包括：两户以上共用的楼梯间、电梯间；三户(含)以上共用的厨房、厕所、盥洗室、内外走廊、过厅、阳台等；独户使用的汽车房、锅炉房、警卫室、平台等；与首长住在一起的秘书住房（每人按25m² 建筑面积）和公务员、警卫员、炊事员、司机住房（每人按8m² 建筑面积）；亭子间、菜窖、煤棚、临时性小棚和层高平均在1.70m以下的地下室、阁楼等。

免交租金面积：包括军职、大军区职干部住房中各有20、30m² 使用面积的会客室，暂不交租金。

② 面积租金按不同条件的自然间（含走道、廊、厅等）和阳台分别计算。以标准条件住房每平方米使用面积的基本月租金为100分，与标准条件住房不同的，依照住房条件调整分数，增减租金。详见《军队住房租金计算办法》（总后勤［1992］5号）附录3。

③ 面积租金的分值，由每平方米使用面积的基本月租金标准确定。提租第一步，每平方米使用面积基本月租金为0.32元，分值为0.0032元。

④ 1949年前建造的未经翻建、改建的住房，其面积租金额，按计算出的租金额80%取值。

(2) 附加设备租金的计算

附加设备是指标准条件住房中没有包括的设备，其租金单独计算。附加设备租金额由各项附加设备的总分数乘以分值得出。附加设备租金的分值与面积租金的分值相同。

3.39 租住军产房的住户，新租金额和平均租金是如何计算的？

租住军产房的住户，其新租金额和平均租金按以下方法计算：面积租金额与附加设备租金额之和为住户的新租金额，新租金额除以全部计租面积为该户的平均租金，平均租金是计算该户的新房增租额和超标加收租金额的单位租金标准。

3.40 租住军产房的住户，新房新租金是如何计算的？

租住军产房的住户，新房新租金按以下方法计算：

(1) 1992年7月1日以后实行新房新租的住户，其新房面积的租金标准按提租后租金标准增加50%计算。

(2) 1992年7月1日以后，由于职级晋升而调整住房的人员，新房面积为新分配住房面积与原职级标准住房面积之差。

3.41 租住军产房的住户，超标准住房加收租金是如何计算的？

租住军产房的住户，超标准住房加收租金按以下方法计算：

(1) 各职级干部住房建筑面积标准以中央军委［1990］5号文件规定为准，住房面积（不含阳台面积）超过标准10%（含）以内的，不加收租金；超过10%以上的，加收超标准住房租金。

(2) 干部住房面积超过本人职级面积标准10%以上，但未达到上一职级标准的；住房面积达到或超过本人上一职级标准，但因本单位住房调整困难或调整后无相应职级干部居住的，超标准部分的全部面积加收50%以上租金。

(3) 干部住房面积达到或超过本人上一职级面积标准，应调整而不调整的，超标准的全部面积按成本租金计算。在分步提租的第一步，成本租金每平方米使用面积为1.56元。

(4) 经组织批准家属随军的连、排职干部、军士长和专业军士，其住房面积标准按$54m^2$掌握，超过的按超标准住房规定计算租金。

(5) 1949年前建造的未经翻建、改造的住房，是否超标，按80%建筑面积折算后比照标准衡量。

(6) 1937年7月6日前入伍(含参加革命工作)的干部,只有一处住房的,不计算超标准住房。

3.42 租住军产房的住户,减免租金是如何计算的?

租住军产房的住户,减免租金按以下方法计算?

(1) 超标准住房加收租金的住户,其超标准住房部分的全部租金额(基本租金额和超标加收租金额),不予减免。

(2) 军职和大军区职干部,分别免去 20m^2 和 30m^2 使用面积的会客室租金。

(3) 建国前入伍(含参加革命工作)的人员,住房面积在规定标准以内的,新租金额减去会客室租金额及原标准租金额后,仍超过家庭住房补贴部分,按以下情况减收租金:对1937年7月6日前入伍的全部减收;对1945年9月2日前入伍的减收50%;对1949年9月30日前入伍的减收30%。

(4) 住房面积在规定标准以内的,新租金额减去会客室租金额和家庭住房补贴后(符合减免条件的)减免后,其应交租金额仍超过家庭工资收入总额5%以上的部分,暂予免交。

3.43 租住军产房的住户,住房实交租金额是如何计算的?

租住军产房的住户,住房实交租金额按以下方法计算:

(1) 无超标加租的住户,其实交租金额等于应交租金额加上家庭住房补贴。

(2) 超标加租的住户,其实交租金额等于应交租金额加上家庭住房补贴,再加上超标计租面积的租金额(包括基本租金额和超标加收租金额)。

3.44 租住军产房的烈遗属,住房租金是如何计算的?

租住军产房的烈遗属,住房租金按以下方法计算:

(1) 干部牺牲、病故后,其配偶一年内免交全部租金;第二年干部生前享受减免的仍享受减免,从第三年起按规定交纳租金,应交租金额超过家庭收入 5% 以上部分,暂予免交。

(2) 干部牺牲、病故后,其配偶的住房调整和住房租金的福利性补贴,另行规定。

3.45 地方人员租住军产房的,住房租金是如何计算的?

地方人员租住军产房的,住房租金按以下方法计算:

(1) 地方租金高于军队标准的,按地方规定的标准交租;

(2) 地方租金低于军队标准的,按军队房改的有关规定交租。军队产权管理单位可出具住房补贴规定证明,由其工作单位予以补贴。

3.46 军队转业干部在什么情况下应当退还租住的军产住房?

租住军产住房的军队转业干部,在以下情况下应当退还军产住房:

(1) 本人或其配偶已购买或租住地方住房;

(2) 已修建自有住房或采取其他方式解决了住房的。

军队转业干部服现役期间的住房补贴,由军队团(含)级以上财务部门在军队转业干部离队时计发给个人。其中,租住军产住房的,退还军产住房时计发给个人。

3.47 军队转业干部可以租住周转住房吗?

所谓周转住房,主要是指国家机关、企事业单位用于解决新录用人员阶段性住房问题,特殊情况下也可用于安排其他住房有困难的职工临时居住的住房,是国家机关、企事业单位住房供应体系的组成部分。周转住房按照统一组织、总量控制、合理布局、定向供应、周转使用的原则,采取新建和改造相结合、市场购买和租赁为补充的方式分阶段组织实施。

根据《军队转业干部住房保障办法》的有关规定,军队转业干部可以租住周转住房。租住周转住房是军队转业干部住房保障方式之一。对于军队转业干部租住周转住房有以下几点需要注意：

（1）安置地人民政府或接收安置单位，应按要求为军队转业干部提供周转住房房源。对全迁户军队转业干部，在其到地方报到前提供房源；其他军队转业干部，在其到地方报到后的一年内提供房源。所提供的周转住房房源，应当做到选址合理、质量可靠、设施配套。

（2）对于安置地暂难以提供经济适用住房的全迁户军队转业干部、配偶无住房且购买经济适用住房资金确有困难的其他军队转业干部，安置地人民政府或接收安置单位应提供周转住房供其租住。有条件的地区可建设或购买适当数量的住房，作为军队转业干部的周转住房，重点解决全迁户军队转业干部的住房问题。

3.48 军队转业干部如何申请租住周转住房？

从实践来看，军队转业干部申请租住周转住房的程序如下：

（1）申请人到安置地人民政府或接收安置单位房管部门递交书面申请，并按要求提交有关证件及资料。提交的材料包括：一份加盖单位印章的书面申请书，申请人户口簿、身份证，党政机关事业单位人员名册，未婚申请人附未婚证，已婚申请人附结婚证和配偶身份证（以上为复印件，同时审验原件）。

（2）房管部门对申请人租房资格进行审查，并根据房源情况定期拟定周转房安排呈批表，由房管部门审核并报安置地人民政府或接收安置单位批准。

（3）如审批同意安排住房，下发通知给房管部门；不同意安排的，书面告知申请人。

（4）房管部门通知申请人办理有关租赁手续（交租房押金，订立房屋租赁合同，办理入住等）。

3.49 军队转业干部的配偶已租住地方住房的，住房补贴应如何发放？

军队专业干部的配偶已租住地方住房的，可按房改成本价购买,购房实际建筑面积未达到购房补贴建筑面积标准的,分别按军队和地方的有关规定给予货币补差;按经济适用住房价格购买其配偶现租住住房的,夫妇双方可以按规定分别申请住房补贴。

3.50 什么是住宅合作社和合作住宅?

住宅合作社,是指经市(县)人民政府房地产行政主管部门批准,由城市居民、职工为改善自身住房条件而自愿参加,不以盈利为目的公益性合作经济组织,具有法人资格。住宅合作社的主要任务是:发展社员,组织本社社员合作建造住宅;负责社内房屋的管理、维修和服务;培育社员互助合作意识;向当地人民政府有关部门反映社员的意见和要求;兴办为社员居住生活服务的其他事业。

合作住宅是指住宅合作社通过社员集资合作建造的住宅。其产权有合作社所有、社员个人所有、住宅合作社与社员个人共同所有等形式;合作社住宅全部由住宅合作社出资(含政府和社员所在单位给予的优惠和资助)建设的,其产权为住宅合作社所有;合作住宅由社员个人出资建设的,其产权为社员个人所有;合作住宅由住宅合作社和社员个人共同出资建设的,其产权为住宅合作社与社员个人共同所有。

3.51 合作住宅可以出租吗?

合作社组织建设的合作住宅须以社员自住为目的,合作住宅不得向社会出租。社员家庭不需要住宅时,须将所住住宅退给本住宅合作社。住宅合作社以重置价结合成新计算房价,按原建房时个人出资份额向社员个人退款。住宅合作社或社员个人擅自向社会出租住宅,由城市人民政府房地产行政主管部门根据情节轻重,分别给予警告、罚款、没收非法所得的处罚。

第4章 房屋租赁合同

房屋租赁关系到个人及单位的基本生活与生产，就我国目前经济状况及国民的消费能力而言，实现人人有其房的目标还不现实。即使是将来经济发展、国民消费水平提高了，也未必就一定要实现人人有其房的目标。因此，房屋租赁就成为解决居住用房与经营用房的重要形式。由于房屋是价值非常巨大的财产，无论是出租人还是承租人，都需要将双方就房屋租赁达成的一致意见以合同的形式确定下来，成为出租人与承租人关于租赁问题共同遵守的基本准则。普及房屋租赁合同法律知识，规范房屋租赁行为，有利于出租人或承租人依法订立、履行房屋租赁合同，也有利于房屋租赁市场的健康发展。

4.1 什么是房屋租赁合同？

房屋租赁合同，是指出租人将其依法有权处分的房屋交付承租人使用、收益，由承租人向出租人支付租金的合同。将房屋交付他人使用、收益并向对方收取租金的一方，称为出租人；取得他人房屋的使用、收益权并向对方支付租金的一方，称为承租人。

4.2 作为房屋租赁合同标的物的房屋应符合什么要求？

房屋租赁合同属于不动产租赁合同，而且其标的物只能是特定的不动产。作为房屋租赁合同标的物的房屋必须具备两个条件：

第一，必须是物理意义上的物，即定着在土地上、能够实现一定生活或经济目的的建筑物及设施。通常认为，足以遮风避雨，能够供人们居住、生活或者从事生产经营活动或进行其他活动的房屋，即使尚未竣工，也可作为租赁物。未达到上述标准的尚在建筑中的房屋以及"楼花"，不得作为房屋租赁合同的标的物；不能居住或不宜居住的厨房、厕所、走廊、未经专门装修的地下室等也不得作为房屋租赁合同的独立标的物。

第二，必须是合法存在的房屋。这主要体现在以下两个方面：一是房屋的建筑程序必须合法；二是出租人对房屋依法享有出租权，即享有所有权或经营管理权。

4.3 房屋租赁合同必须以书面形式订立吗？

房屋租赁关系到当事人基本生活与生产的顺利进行，对社会生活与经济秩序影响甚大。因此，为了保障各方当事人的合法权益，《城市房地产管理法》、《城市私有房屋管理条例》、《城市房屋租赁管理办法》等法律、法规均规定订立房屋租赁合同应当采取书面形式。但是，是否所有的房屋租赁合同都必须以书面形式订立，这里需要具体分析：

（1）租赁期限在六个月以上（含六个月）的，应当采用书面形式。

（2）租赁期限在六个月以下的，当事人可以选择是否采用书面形式。

（3）当事人未采用书面形式的，视为不定期租赁。

根据《合同法》第三十六条的规定，法律、行政法规规定采用书面形式订立合同，当事人未采用书面形式但一方已经履行了主要义务，对方接受的，该合同仍然成立。例如，当事人应当采用书面形式订立房屋租赁合同，却采用了口头合同，如果承租人支付了租金，出租人也接受租金的，则出租人与承租人之间的房屋租赁合同也是成立的，只不过当事人之间的租赁关系是不定期租赁而已。在这种情况下，任何一方当事人均不能借口合同未采用书面形式而主张合同未成立。

考虑到书面形式具有发生纠纷时易于取证，容易分清责任等优点，我们建议消费者无论是出租房屋还是求租房屋，无论期限多长，最好使用书面形式订立房屋租赁合同。

4.4 未办理登记备案手续，是否影响房屋租赁合同的效力？

房屋租赁登记备案是指当事人在签订、变更或终止房屋租赁合同后，向房屋所在地房地产管理部门办理登记备案手续。依照法律、法规规定，当事人在签订、变更或终止房屋租赁合同后，都应当向房屋所在地房地产管理部门办理登记备案手续。但登记备案只能在双方协商一致签订房屋租赁合同后才能进行。也就是说，只有在房屋租赁合同成立后才能进行登记备案，而不是先登记后签合同。因此，未办理登记备案手续，并不影响房屋租赁合同的效力，这也是有法律依据的：

(1) 最高人民法院《关于适用〈中华人民共和国合同法〉若干问题的解释(一)》第九条规定："……法律、行政法规规定合同应当办理登记手续，但未规定登记后生效的，当事人未办理登记手续不影响合同的效力……"。虽然我国的法律、行政法规均规定房屋租赁合同应当办理登记备案手续，但并未规定登记备案后合同才生效。因此，当事人未办理登记备案手续并不影响房屋租赁合同的效力，房屋租赁合同仍然成立。

(2)《城市房屋租赁管理办法》第十四条规定："房屋租赁当事人应当在租赁合同签订后 30 日内，持本办法第十五条规定的文件到直辖市、市、县人民政府房地产管理部门办理登记备案手续。"第十五条规定："申请房屋租赁登记备案应当提交下列文件：(一)书面租赁合同……"。可见，房屋租赁登记备案只是房屋租赁合同成立后的程序，对合同成立没有影响。

当然，当事人在签订、变更或终止房屋租赁合同后未办理登记备案手续虽然不影响房屋租赁合同的效力，但却不能对抗善意第三人。如，在"一屋二租"的情况下，出租人将同一房屋出租给两个承租人并与他们都签订了房屋租赁合同，如果成立在先的房屋租赁合同未办理登记备案手续，而成立在后的房屋租赁合同办理了登记备案手续，那么法律保护办理了登记备案手续的承租人的承租权，而不保护未办理登记备案手续的承租人的承租权。对于未办理登记备案手续的承租人，只能要求出租人承担违约责任，而不能要求其他承租人腾退房屋。

4.5 什么是公房租赁合同与私房租赁合同？

公房租赁合同，是指以国家所有或集体所有的房屋为租赁物的房屋租赁合同。其中，国家所有的房屋又分为直管公房(统管公房)与自管公房(非统管公房)。直管公房是指由国家授权的各级人民政府房地产管理部门管理的房屋；自管公房是指由国家授权的全民所有制单位自行管理的房屋。

私房租赁合同是指以自然人个人所有的房屋为租赁物的租赁合同。私房租赁本应包括农村私房租赁和城市私房租赁，但是，对于农村私房租赁，法律法规没有特别规定，一般由当事人自行协商订立租赁合同。因此，在没有特别说明的情况下，私房租赁主要是指城市私房租赁。根据《城市私有房屋管理条例》第二条的规定，城市私有房屋是指直辖市、市、镇和未设镇建制的县城、工矿区内个人所有、数人共有的自用或出租的一切住宅和非住宅用房。

4.6 什么是住宅用房租赁合同、办公用房租赁合同、生产经营用房租赁合同？

住宅用房租赁合同是指租赁房屋用于居住、生活的房屋租赁合同；

办公用房租赁合同是指承租房屋用于办公的房屋租赁合同；

生产经营用房租赁合同是指租赁房屋用于从事生产经营活动的房屋租赁合同。也有人将办公用房租赁合同与生产经营用房租赁合同统称为非住宅用房租赁合同或者经营用房租赁合同。

4.7 如何理解订立房屋租赁合同要遵守平等互利、协商一致的原则？

合同是一项重要法律制度，为《民法通则》和《合同法》等法律所调整，这些法律要求房屋租赁的双方当事人必须按照法律规范的要求，经平等协商达成一致意见形成协议。在协商过程中，双方当事人的法律地位完全平等，不存在谁隶属谁的问题。在平等互利的基础上，双方当事人进行充分协商，任何一方都不能把自己的意志强加给对方，任何单位和个人也不得进行非法干预。如果双方当事人不能自由地表达自己意志，不能达成一致的意见进而形成协议，房屋租赁合同就不能成立，即使成立也是无效的，得不到法律的保护。这是保障双方当事人权利与义务相互对等的基础，体现了国家对当事人有意识、有目的地从事各种经济活动的民事权利的保护。这样做，有利于满足人们生产、经营或生活等方面的需要。

4.8 订立房屋租赁合同为什么要遵循等价有偿的原则？

房屋从建成到投入使用的各个环节，都离不开商品货币关系。房地产开发经营企业建造房屋需要建材、人力、机具等投资，房屋投入使用出租后，需要收回房屋折旧费，需要收回经营过程中支付的房屋维修、管理、房地产税等，并需获得建房投资利息和社会平均利润等。因此，房屋租赁应按照价值规律的要求，贯彻等价有偿的原则。而那些无偿或低价提供房屋的行为，要么是借用，要么是城镇最低收入家庭廉租住房。前者，用房人无须支付租金，后者，用房人只需支付较低的租金。

4.9 订立房屋租赁合同的当事人的民事行为能力有哪些要求？

房屋租赁合同的当事人，也就是房屋租赁合同的主体，包括出租人和承租人。提供房屋给他人使用、收益并收取租金的一方当事人为房屋出租人，使用、收益房屋并支付租金的一方当事人为承租人。订立房屋租赁合同，首先要求双方当事人具备法定资格，具有相应的民事行为能力，即自然人必须年满18周岁，或者年满16周岁不满18周岁，以自己的劳动收入为主要生活来源；法人或其他组织须依法成立。

4.10 如何理解订立房屋租赁合同的双方当事人的意思表示必须真实？

意思表示真实，包括两个方面的含义：一是指行为人的内心意思与外部的表示行为相一致的状态。二是指当事人在意志自由的前提下，进行意思表示的状态。将意思表示真实作为房屋租赁合同的有效构成要件，是为了在房屋租赁中贯彻意思自治原则，维护民事流转的正常秩序和双方当事人的合法权益。

根据《民法通则》、《合同法》的规定，当事人意思表示不真实的房屋租赁合同，并不是当然无效的，须区别具体情况对待：

（1）因重大误解订立的，或者是在订立时显失公平的，当事人一方有权请求人民法院或仲裁机构变更或撤销；

（2）一方以欺诈、胁迫的手段，使对方在违背真实意思的情况下订立的，只有在损害国家利益的情况下，合同才无效。没有损害国家利益的，受损害方有权请求人民法院或仲裁机构变更或者撤销；

（3）一方乘人之危，使对方在违背真实意思的情况下订立的，如对有急迫需要或出于危难处境的当事人有损害，受损害方有权请求人民法院或仲裁机构变更或撤销。

4.11 为什么说房屋租赁合同的内容不得违反法律、行政法规？

房屋租赁合同必须遵守法律和行政法规，不得损害国家利益、社会公共利益和他人利益，不得扰乱市场经济秩序，否则，房屋租赁合同无效，不但不受法律保护，行为人还可能受到法律的制裁。房屋租赁合同要生效，必须以符合法律、行政法规的规定为前提，否则，只能成为无效的、可撤销的或可变更的合同。当然，房屋租赁合同不得违反的是法律和行政法规中的强制性规范，而不是任意性规范或倡导性规范。

4.12 为什么说房屋租赁合同的内容不得损害社会公共利益？

社会生活纷繁复杂，情况多种多样，再完美的法律也不可能将一切情况都规定无遗，以不违反社会公共利益作为房屋租赁合同的有效要件，是非常明智的选择。这样做，一方面可以弥补房屋租赁业务发展使法律调整出现漏洞和脱节的不足，将那些在表面上似乎未违反法律、行政法规的强制性规范，但实质上却违反社会公共利益、破坏了社会秩序、道德败坏的房屋租赁合同认定无效；另一方面也有利于醇化社会伦理道德和整肃社会风气，因为社会公共利益中包含了房屋租赁合同内容应符合社会公德的要求。

4.13 订立房屋租赁合同应当准备哪些证件？

订立房屋租赁合同应当准备的证件因主体身份的不同而有所不同：

(1) 出租人应当准备的证件

出租人应当准备房地产产权证或其他法定权属证明出租的文件。如果房屋是共有的话，还需要提供共有人同意出租的书面证明，并提供相关的身份证明复印件。

(2) 承租人应当准备的证件

承租人应当准备个人身份证及复印件,若是法人则应当准备营业执照及复印件。此外,如果是通过房屋租赁中介机构租赁房屋的,还需要提供依据双方当事人的要求签订的《房屋租赁合同》与相关的合同书,以及房地产经纪人资格证书原件和复印件。

4.14 可以订立无限期的房屋租赁合同吗?

首先应明确一点,这里出租人与承租人所要追求的无限期的房屋租赁合同与没有约定租赁期限的房屋租赁合同不同。前者,如果法律允许,双方当事人都受到租赁期限的约束,而且在房屋的可使用期限内都不得终止合同;而对于后者,双方当事人都不受合同期限的限制,任何一方当事人都有权随时终止合同。

当事人之间的这种无限期的房屋租赁合同看似双方当事人真实意思表示一致的结果,对他人和社会并无危害,法律法规似乎没有理由加以干涉。如果细加推敲,实则不然。由于自身素质和外界因素的影响,当事人在订立房屋租赁合同之时,往往很难充分预料到以后情形的变迁。如果法律任由当事人自行订立无限期的房屋租赁合同,势必造成一方当事人因为一时的不慎重和缺乏远见而背负长久的包袱,对于人们生活有重大影响的房屋租赁合同更是如此。因此,《合同法》第二百一十四条规定:"租赁期限不得超过二十年。超过二十年的,超过部分无效。租赁期间届满,当事人可以续订租赁合同,但约定的租赁期限自续订之日起不得超过二十年。"因此,无论如何,房屋出租人与承租人不得订立超过二十年的房屋租赁合同。当然,在二十年期间届满后,当事人如果愿意,可以继续订立租赁合同,但自续订之日起不得超过二十年,不过其前后相续的房屋租赁期限可以超过二十年当属无疑。

4.15 法律对不定期房屋租赁合同有什么特殊规定?

凡是明确约定了房屋租赁期限,即明确约定了权利义务的起止日期的,就为定期房屋租赁合同;凡是没有约定租赁期限,或者对租赁期限约定不明确的，就为不定期房屋租赁合同。

法律对于不定期房屋租赁合同中当事人的权利义务做出了特殊规定。如，在不定期房屋租赁合同中，双方当事人都可随时解除合同，但出租人解除合同的，应当在合理期限内通知承租人；而在定期租赁合同中，原则上只有期限届满，当事人之间的权利义务关系才能终止，当事人不享有随时解除合同的权利。

4.16 公房租赁对出租人有什么限制？

未经出租人同意，承租人不得转租国有或集体公房，即国有或集体公房的承租人未经出租人同意，不得成为该公房的出租人。同时，根据国务院住房制度改革领导小组1991年12月31日发布的《关于全面推进城镇住房制度改革的意见》的规定，本单位职工以标准价购买的公有住房（也称房改房），购房者对所购房屋拥有部分产权，即占有权、使用权、收益权和有限处分权，该住房可以继承，可以在购房5年后进入市场出售或出租，所得收益按政府、单位、个人的产权比例分配，原产权单位有优先购买权和优先租用权。可见，以标准价购买公有住房的职工，只有在购房5年后才可能成为出租人，在此之前不具有出租人资格。

此外，由国家、单位、个人三方投资共建并分配给职工居住的住房，职工并未取得房屋所有权，职工与单位之间只是租赁关系，未经单位同意，同样不得将该房屋出租。

4.17 公房租赁对承租人有什么限制？

在公房租赁中，公房的承租人既可以是自然人，也可以是法人或者其他组织，其承租公房的目的既可以是用于居住，也可以是用于从事生产经营活动，但必须与公房的固有用途相适应。自然人作为公有住房的承租人，往往与出租人之间存在行政隶属关系，在订立房屋租赁合同之前，他们并非平等的民事主体，仅在订立租赁合同之后在该租赁法律关系中处于平等的法律地位。同时，自然人（包括我国公民、外国人、无国籍人）承租直管公房的，应当向房屋所在地人民政府房屋行政主管部门提出申请，经批准发给住房证，取得直管公房使用权证即可成为直管公房的承租人；自然人承租单位自管公房的，必须是房屋经营管理单位的职工或者成员，非房屋经营管理单位的职工或成员无权成为自管公房的承租人。

4.18 私房租赁对出租人有什么限制？

在私房租赁中，具有出租人主体资格的一般为对房屋享有所有权的自然人，同时，经所有权人授权的代理人、经出租人同意转租的承租人，也可以成为出租人。

对共有房屋来说，享有出租权并可成为出租人的为该房屋的共有人。其中，按份共有的，须经半数以上份额的共有人同意，才能将共有房屋出租；共同共有的，须经全体共有人一致同意，才能将共有房屋出租。

4.19 私房租赁对承租人有什么限制？

根据我国现行房屋租赁法律法规和政策的有关规定，私房租赁关系中的承租人一般只能是自然人，机关、团体、部队、企业事业单位一般不能成为私房的承租人。《城市私有房屋管理条例》第二十二条规定："机关、团体、部队、企业事业单位不得租用或变相租用城市私有房屋。如因特殊需要必须租用，须经县以上人民政府批准。"可见，未经县级以上人民政府批准，机关、团体、部队、企业事业单位不能成为城市私房的承租人。租用或变相租用城市私房都是法律所不允许的，如果违反，将会受到法律法规的制裁。当然，该条规定并未禁止自然人或私营企业主、个人合伙等其他组织承租城市私有房屋。因此，自然人或私营企业主、个人合伙等其他组织具有承租城市私房的主体资格。

4.20 房屋租赁合同应当包括哪些内容？

房屋租赁，当事人应当签订书面租赁合同。租赁合同应当具

备以下条款:
(1) 当事人姓名或者名称及住所;
(2) 房屋的座落、面积、装修及设施状况;
(3) 租赁用途;
(4) 租赁期限;
(5) 租金及交付方式;
(6) 房屋修缮责任;
(7) 转租的约定;
(8) 变更和解除合同的条件;
(9) 违约责任;
(10) 当事人约定的其他条款。

4.21 在房屋租赁合同中,记载当事人姓名或名称及住所应注意什么?

当事人是指出租人和承租人。法律对出租人的资格限制较少,主要是要求出租人必须是房屋的所有权人或有权处分人(房屋所有权人包括私房所有人和集体公房所有人,有权处分人主要是国有公房的经营管理人)。而对承租人而言,各地有不同要求。一般来讲,如果是当地居民,须持有本人身份证,如果是外来居民,须持有本人身份证及公安部门发的暂住证;企业事业单位须持有《营业执照》;非企事业单位的其他组织如机关、团体、部队等须有县以上民政部门批准设立的有效证件。房屋租赁当事人必须符合上述资格限制,才能订立租赁合同。当然,实践中,当事人往往把双方的身份证号码、联系电话等也放在基本情况中记载,这也是允许的。

4.22 在房屋租赁合同中,如何对租赁房屋进行约定?

在租赁合同中须写明房屋所在位置即地址、面积、范围、装修及设施状况。对承租人而言,租房的目的是利用房屋的使用价值,要么用于居住,要么用于商业目的,因此,房屋处于适用的状态是对房屋的最基本要求之一。所以,订立合同时必须说明房屋交付使用时的基本状况,这是因房屋不符合使用要求而发生纠纷时区分双方责任的前提。不但如此,一旦房屋在租期内的毁损或第三人侵害妨碍了承租人依约使用房屋时,出租人还有义务修缮房屋,这些补救措施的标准通常应为合同中定明的房屋状况。

如果是将房屋的一部分出租,租赁合同必须明确这一部分的具体位置,明确承租人的专用部分和与邻人(或他人)的共用部分。如果租金收取是按面积来计算的,则还要说明该房屋的面积。

4.23　在房屋租赁合同中,如何约定租赁房屋的用途?

房屋租赁的用途,即承租人租赁房屋的目的。按照合同约定的用途使用房屋是承租人应当履行的重要义务。租赁用途一旦定明,则承租人不得擅自改变,尤其不得利用房屋从事非法活动,否则,出租人有权解除租赁合同。明确了房屋的使用用途后,只要承租人依约用房,则正常范围内出现的房屋磨损,出租人不得要求赔偿。当然,经出租人同意,承租人可以对租赁物进行改善或增设他物。未经出租人同意,承租人对租赁物进行改善或增设他物的,出租人可以要求承租人恢复原状或赔偿损失。

至于约定房屋用途的方式可以有以下三种:一是列明可以使用的用途;二是列明禁止使用的用途;三是从正反两方面进行约定。但无论如何,均不得约定可以用于赌博、窝赃、卖淫嫖娼等非法活动,即使约定,亦不生效。

4.24　在房屋租赁合同中,如何约定租金?

房屋租金的确定依房屋用途的不同而有所不同:

对于公有住房的租金标准,政府部门均已有规定。

从事生产、经营活动的用房,租金由承租人与出租人协商议定。

私有房屋租赁,由租赁双方按照房屋所在地城市人民政府规定的私有房屋租金标准,协商议定;没有规定租金标准的,由租赁双方根据公平合理的原则,参照房屋所在地租金的实际水平协商议定,不得任意抬高。租金的交付方式,即租金是按月、按季还是按年支付,交付的具体日期也应在合同中明确。出租人除收取租金外,不得收取押租或其他额外费用。一般而言,租金应包括以下几项:房屋折旧费、修缮费、管理费、所涉及的各种税金、利息、利润(比如承租人租用房屋用于从事生产经营活动等)、保险费等。

4.25 对于租金以外的其他费用的负担应当如何约定?

在房屋租赁合同中,双方当事人除了应当约定租金外,还一定要明确与房屋使用有关的费用的负担,如物业服务费、取暖费、水电费、小区按房屋面积分摊的其他费用。另外,还需要注意的是,承租人订立房屋租赁合同时,应要求出租人在房屋出租前结清水、电、暖、煤气(天然气)等费用。由承租人来承担各项费用时,应该保存并向出租人出示相关缴费凭据。房屋租赁税费以及租赁合同中未列明的其他费用应该由出租人承担。

4.26 在房屋租赁合同中,如何约定房屋修缮责任?

修缮房屋是出租人的一项义务,指的是出租人负有在整个出租期间对房屋进行必要修缮的义务。所谓必要是指房屋必须使承租人能够依双方约定的用途使用并收益。修缮的范围包括房屋自身及其附属设施,以及其他属于出租人修缮范围的设备。双方当事人在房屋租赁合同中最好写明租期内房屋维修与保养的责任归属。如果租赁合同中没有规定的,依据《合同法》第二百二十条的规定,由出租人来负责。此外,双方当事人还应知道,承租人在租赁期限内如果遇到房屋需要维修时,可以要求出租人在合理期限内维修,出租人未履行维修义务的,承租人可以自行维修,维修费用由出租人负担。因维修房屋影响承租人使用的,应当相应地减少租金或延长租期。此外,根据《城市私有房屋管理条例》第十九条第二款的规定，房屋出租人对出租房屋确实无力修缮的，可以和承租人合修。承租人付出的修缮费用可以折抵租金或由出租人分期偿还。

4.27 当事人可以约定变更、解除与终止合同的条件吗？

可以。

《城市房屋租赁管理办法》规定了房屋租赁当事人可以变更、解除租赁合同的三种情形：

（1）符合法律规定或者合同约定可以变更或解除合同条款的；
（2）因不可抗力致使合同不能继续履行的；
（3）当事人协商一致的。

4.28 在房屋租赁合同中，当事人约定违约责任应注意什么？

违约责任是房屋租赁合同的重要条款。违约责任设定得完善与否直接影响着合同双方在合同履行过程中的地位。实践经验表明，当事人在房屋租赁合同中约定违约责任时，以下几个方面很值得注意：

（1）违约责任应该充分预见各种可能的事件，并对后果予以约定

约定违约责任条款的意义在于应尽可能预见未来对合同履行有影响的因素。以当前房屋租赁市场为例，在宏观调控政策频繁出台的背景下，租赁各方应对可能出现的包括税收、租金标准等对合同履行产生影响的因素事先约定，并规定相应责任及后果等。如果合同签订时未预见或未能以概括性条款加以说明，则很容易产生争议。

（2）违约责任应当具体、明确并可以量化

对违约责任条款，如果仅有"违约方应当承担违约责任，赔偿守约方因此发生的所有损失"之泛泛约定，就很难起到弥补损失的预期效果，更难体现违约制裁的功能作用。实践表明，守约方客观上所受到的损失一般远远大于其所能证明的损失，如融资

损失、商誉损失等往往无法证明。从举证角度讲，守约方至少应从违约行为、损失事实、损失的合理性、损失事实与对方过错之间的因果关系等方面承担举证义务。任何一个要件证据不充分，都可能导致守约方的损失主张不能获得支持。

(3) 违约责任的形式并非单一，而是多样化的

当事人在房屋租赁合同中约定违约责任条款时必须明确，违约责任并非只有支付违约金一种形式，还包括继续履行、赔偿损失等形式。

4.29 在房屋租赁合同中，当事人约定违约金应注意什么？

当事人约定违约金时应注意以下几个方面：

(1) 违约金的形式

违约金的形式包括约定具体的违约金数额和违约赔偿损失的计算方式两种。

(2) 违约金应体现补偿为主、惩罚为辅的原则

现行立法承认违约金具有补偿性和惩罚性多重属性，以补偿性为主、惩罚性为辅。这样，既维护了守约人的利益，也兼顾了违约人的利益，体现了公平原则；违约金的功能在于使守约方因对方违约而造成的损失或失去的利益得以补偿和实现；有关违约条款主要是用来调整当事人之间的利益分配，力求做到公平，主要目的决非在于惩罚违约方。因此，违约金责任作为一种财产责任，其本质意义首先在于对守约方的补偿，其次才表现为对违约方的惩罚和制裁。

(3) 违约金过高或过低的处理办法

根据《合同法》第一百一十四条规定，约定的违约金低于造成的损失的，当事人可以请求人民法院或者仲裁机构予以增加；约定的违约金过分高于造成的损失的，当事人可以请求人民法院或者仲裁机构予以适当减少。

需要强调的是，违约金的高低是应当事人的申请由法院或仲裁机构被动进行审查的。如果当事人没有在一审法庭辩论终结前

提出对违约金的调整申请，则审理机构不主动干预。我们认为，为保险以及公平起见，建议在约定违约金比例时通过设定上限等方式防止违约责任过重。

4.30 在房屋租赁合同中，当事人约定的其他条款包括哪些内容？

在房屋租赁合同中，当事人约定的其他条款包括合同是否要进行公证、什么时候生效、何时办理房屋租赁登记备案手续并领取《房屋租赁证》、出租人是否收取押金、收取多少、采取何种方式解决合同争议等。

4.31 订立公房租赁合同的程序如何？

以公有房屋为标的的租赁合同的订立程序因房屋管理者的不同而不同。国家直管公房，一般先由承租人向房管部门申请，经批准后，发给分配住房证明，承租人凭证明点收房屋，订立公房租赁合同。合同格式由房管部门预先印制，订立时只要逐项填写、承租人签名即可。单位自管公房，一般无须履行签约手续，从职工分到住房起即在单位与职工之间建立起公房租赁关系。

4.32 订立私房租赁合同的程序如何？

当事人之间订立私房租赁合同，一般要经过一番讨价还价才能达成一致意见，这个过程在合同法上被称为要约与承诺。当事人就房屋租赁达成一致意见，即可订立房屋租赁合同。这样订立私房租赁合同一般要经过要约和承诺两个阶段：

（1）要约

一方当事人向另一方当事人发出的希望订立房屋租赁合同的意思表示，就是要约。发出意思表示的人称为要约人，接受意思表示的人称为受要约人或承诺人。根据《合同法》的规定，作为要约的意思表示，内容必须具体、确定，并表明经受要约人承诺，要约人即受该意思表示约束。因此，作为订立房屋租赁合同的要约，要约人须对房屋租赁合同的主要条款，如当事人，租赁房屋的坐落、面积、结构、装修及附属设施状况，租赁用途，租金及支付方式、支付期限，房屋的修缮责任等都要提出自己明确的意思，并表明经受要约人承诺，要约人即受该意思表示约束。如果要约人发出的意思表示不符合上述条件，如未明确租赁房屋的坐落、面积、结构、装修及附属设施状况，或者未明确租赁用途、租赁期限、租金等，就不构成要约。

（2）承诺

所谓承诺，是指受要约人同意要约的意思表示。受要约人通过对要约人在要约中提出的条件进行评价，认为要约提出的条件符合自己要求的，向要约人做出同意要约的意思表示，这就是承诺。承诺的内容必须与要约的内容一致，如果不一致，就不构成承诺。在实践中，房屋租赁合同的最终成立要经过多次接洽与讨价还价。

承诺的法律效力在于承诺一经做出并送达于要约人时，房屋租赁合同即告成立，双方当事人之间形成房屋租赁合同法律关系，并受合同内容约束。双方当事人必须遵守约定的条款，否则，就要承担违约责任。

4.33 在订立房屋租赁合同时，承租人审查出租人主体资格时应当注意什么？

承租人要审查出租人是否是房屋的所有权人或其他有处分权人，对此，出租人如果是所有权人，一定要他出示房屋所有权证，证明其为房产的所有人；出租人如果是被授权的人，一定要他出示被授权的证明。如果是转租的话，则要求出示出租人同意转租的证明。

4.34 在订立房屋租赁合同时，出租人审查承租人的主体资格时应当注意什么？

出租人在审查承租人资格时要注意以下问题：我国有关法律

法规中明确规定了城市居民承租房屋时，必须具有该房屋所在城镇的常住户口，也就是说，这部分人在租赁房屋时应当出示身份证、户口簿；个体户承租房屋的必须持有街道办事处出具的证明；暂住人口承租房屋的，必须持有当地公安机关核发的暂住证；单位承租的，必须有相关主管部门的证明。如果缺乏如上证明的，有关房管部门有权拒绝批准该房屋租赁合同。

4.35 作为房屋租赁合同的出租人享有哪些权利？

根据《合同法》和《城市房屋租赁管理办法》的有关规定，房屋租赁合同的出租人享有以下几项权利：

（1）收取租金的权利

收取租金是出租人订立房屋租赁合同的主要目的，也是出租人享有的最主要的权利。出租人有权依据合同约定的数额、支付期限和支付方式要求承租人支付租金。承租人无正当理由未支付或迟延支付租金的，出租人可以要求承租人在合理期限内支付。承租人逾期不支付的，出租人可以解除合同，承租人有损失的，可以要求承租人赔偿损失。

（2）处分所出租房屋的权利

承租人根据房屋租赁合同所享有的权利只是房屋的占有权、使用权和收益权，所有权仍然归出租人享有。出租人根据所有权既可以转让该房屋，也可以在该房屋上设定抵押权等他物权。出租人以上述方式处分房屋的时候，承租人无权干涉。但是出租人在行使处分权时，不得损害承租人的权利。

（3）收回所出租房屋的权利

房屋租赁合同因租赁期限届满等原因而终止或被解除时，出租人有权收回出租的房屋。在租赁期限届满后，出租人不行使收回房屋的权利，而由承租人继续使用该房屋的，如果合同双方没有相反的意思表示，即可认为原租赁合同继续有效，出租人和承租人仍应当按照原租赁合同享有权利、履行义务。但租赁期限为不定期，任何一方都可以随时解除合同。

(4) 对承租人使用房屋的情况进行监督和检查的权利

出租人利益的保障以及某些权利的行使都离不开承租人对房屋的合法利用，因此，出租人有权依照合同和法律的规定，对房屋的使用情况进行监督和检查。

4.36 作为房屋租赁合同的出租人应当履行哪些义务？

根据《合同法》和《城市房屋租赁管理办法》的有关规定，出租人应当履行以下义务：

(1) 依照合同约定交付房屋的义务

交付房屋是指出租人将房屋交由承租人占有的行为。出租人不能依照租赁合同约定的期限将房屋交付给承租人的，应当支付违约金；给承租人造成损失的，应当承担赔偿责任。

(2) 瑕疵担保义务

出租人的瑕疵担保义务包括物的瑕疵担保义务和权利瑕疵担保义务。

出租人的物的瑕疵担保义务是指出租人当保证，他交付的房屋能够为承租人依约定正常地占有、使用和收益。对于房屋存在的瑕疵，不管出租人是否知晓，都应当承担该项担保义务。但是，如果承租人在订立合同时明知该项瑕疵存在而仍然承租的，则出租人可以免责。如果该瑕疵危及承租人或者同住人的安全或者健康时，承租人可以随时解除房屋租赁合同。

出租人的权利瑕疵担保义务是指出租人并没有将房屋交予承租人使用，或者承租人对该房屋享有的使用权受到限制而致使不能正常使用时，出租人应当承担的责任。对于该权利瑕疵，不管出租人是否知晓，都应当承担此项担保义务。若因第三人主张权利，致使承租人不能对租赁物使用、收益的，承租人可以要求减少租金或者不支付租金。但是，如果承租人在订立合同时知道或应当知道在该房屋上已存在第三人的权利的，则不认为存在权利瑕疵。

(3) 保持出租房屋符合约定用途的义务

承租人订立房屋租赁合同的目的是为了对租来的房屋占有、

使用、收益，因此出租人不仅在交付出租房屋时要保证出租的房屋符合合同约定的用途，而且还要保证在合同存续期间内保持该房屋符合约定的用途。

(4) 维修租赁物的义务

除当事人另有约定外，出租人应当履行维修出租房屋的义务。对于出租住宅用房的自然损坏或合同约定由出租人修缮的，应由出租人负责修复。不及时修复，致使房屋发生破坏性事故，造成承租人财产损失或者人身伤害的，应当承担赔偿责任。对于租用房屋从事生产、经营活动的，修缮责任原则上也应由出租人承担，但当事人另有约定的除外。

(5) 排除第三人妨害的义务

如果第三人妨害承租人对房屋的使用，出租人有义务以所有人或经营管理人的身份予以排除或协助承租人排除。

(6) 自己不妨害承租人使用房屋的义务

出租人不仅有义务排除他人对承租人使用房屋的妨害，自己也不得妨害承租人对于房屋的使用。如果因为出租人妨害承租人使用房屋而给承租人造成损失的，应承担损害赔偿责任。

(7) 其他义务

除了上述几项义务外，出租人还应当履行其他一些义务。出租人出卖租赁房屋的，应当在出卖之前的合理期限内通知承租人；承租人对房屋价值增加所支出的必要费用和合理费用，出租人应当负返还义务；租赁合同终止时，出租人应当及时接受所出租的房屋；依法纳税等。

4.37 在房屋租赁合同中，承租人享有哪些权利？

根据《合同法》和《城市房屋租赁管理办法》的有关规定，承租人享有以下权利：

(1) 在合同约定期限内占有、使用房屋的权利。这是承租人订立房屋租赁合同的目的所在，也是最主要的权利。承租人按照约定的方法或者房屋的性质使用房屋，致使房屋受到损耗的，不承担损害赔偿责任。

(2) 住宅用房的承租人在房屋租赁期间死亡的,与其生前共同居住的人可以按照原租赁合同继续租赁该房屋。

(3) 征得出租人同意,在租赁期限内,承租人可以将承租房屋的部分或全部转租给他人,出租人可以从转租中获得收益。

(4) 在租赁期限内,出租人出卖租赁房屋的,在同等条件下承租人有优先购买的权利。

(5) 租赁期满,出租人拟继续出租房屋的,在同等条件下承租人有优先承租权。

4.38 在房屋租赁合同中,承租人应当履行哪些义务?

根据《合同法》和《城市房屋租赁管理办法》的规定,承租人应当履行以下义务:

(1) 支付租金的义务。承租人应当按照约定的期限支付租金。对支付期限没有约定或者约定不明确,依照《合同法》第六十一条的规定仍不能确定,租赁期间不满一年的,应当在租赁期间届满时支付;租赁期间一年以上的,应当在每届满一年时支付,剩余期间不满一年的,应当在租赁期间届满时支付。承租人无正当理由未支付或者迟延支付租金的,出租人可以要求承租人在合理期限内支付,同时要求承租人支付违约金。承租人在合理期限内仍然不支付租金的,出租人可以解除合同。

(2) 在租赁期间内妥善保管房屋的义务。承租人应当以善良管理人的态度妥善保管房屋,因保管不善造成房屋毁损、灭失的,应当承担损害赔偿责任。

(3) 按照合同约定的方法使用房屋的义务。承租人应当按照合同约定的方法使用房屋。对房屋的使用方法没有约定或者约定不明确,依照本法第六十一条的规定仍不能确定的,应当按照房屋的性质使用。

(4) 未经出租人同意,不得转租。

(5) 承租人应当爱护并合理使用所承租的房屋及附属设施,

未经出租人同意，不得改变房屋结构。因承租人过错造成房屋损坏的，由承租人负责修复或者赔偿。

（6）房屋租赁期限届满后，承租人需要继续租用的，应当在租赁期限届满前3个月提出，并经出租人同意，重新签订租赁合同。

（7）租赁期间届满，承租人应当返还房屋。返还的房屋应当符合约定或者按照房屋的性质使用后的状态。

4.39 什么是格式条款？

根据《合同法》规定，所谓格式条款，是指当事人为了重复使用而预先拟定，并在订立合同时未与对方协商的条款。房屋租赁合同是双方当事人经协商一致的结果，体现了当事人之间平等的民事权利义务关系。作为一方当事人的出租人完全可以在订立房屋租赁合同时采用格式条款。

4.40 出租人采用格式条款订立房屋租赁合同应注意哪些事项？

出租人在采用格式条款订立合同时有以下几点需要注意：

（1）出租人采用格式条款订立房屋租赁合同的，应当遵循公平原则，确定当事人之间的权利和义务，并采取合理的方式提请承租人注意免除或者限制其责任的条款，按照承租人的要求，对该条款予以说明。这里有两点需要注意：

一是采取合理的方式提请承租人注意免除或者限制其责任的条款是出租人应当履行的法律义务，无论承租人是否要求，出租人都必须履行，不得有所违反。

二是出租人应当以明示的或其他合理的、适当的方式提醒承租人注意以格式条款的形式订立房屋租赁合同的事实，尤其是要承租人注意免除或限制出租人承担民事责任的条款。出租人的提醒应当达到合理程度。至于何谓合理程度，具体可从合同的外形、提请注意的方法、清晰明白的程度、提请注意的时间等方面加以考虑。

（2）出租人采用格式条款订立房屋租赁合同的，如对格式条款的理解发生争议，应当按照通常理解予以解释。对格式条款有两种以上解释的，应当做出不利于出租人的解释。格式条款和非格式条款不一致的，应当采用非格式条款。这里规定的格式条款的解释规则包括三个层次的内容：

一是通常理解规则。对格式条款的解释应以一般人的、惯常的理解为准，而不应仅以条款制作人的理解为依据，对某些特殊术语，也应做出通常的、通俗的、一般意义的解释，亦即依据订约者平均的、通常具有的理解能力予以解释。

二是不利解释规则。对格式条款有两种以上解释的，应当做出不利于出租人的解释。

三是非格式条款效力优先规则。非格式条款即个别商议条款，其效力应优先于格式条款，这样既尊重了当事人的意思，也有利于保护广大消费者。

4.41 格式条款在什么情形下无效？

《合同法》第四十条规定："格式条款具有本法第五十二条、五十三条规定的情形，或者提供格式条款一方免除其责任、加重对方责任、排除对方主要权利的，该条款无效。"实际上，这里规定了以下几种格式条款无效的情形。

（1）订入房屋租赁合同的格式条款具备《合同法》第五十二条规定的下列情形之一的，无效：一方以欺诈、胁迫的手段订立合同，损害国家利益；恶意串通，损害国家、集体或者第三人利益；以合法形式掩盖非法目的；损害社会公共利益；违反法律、行政法规的强制性规定。

（2）订入房屋租赁合同的格式条款具备《合同法》第五十三条规定的下列情形之一的，无效：造成对方人身伤害的；因故意或者重大过失造成对方财产损失的。

（3）免除出租人主要责任、加重承租人责任、排除承租人主要权利的格式条款，无效。

所谓免除出租人责任，是指出租人所必须履行的合同义务，不能通过制定格式条款的形式加以免除。比如，在住宅用房租赁期限内，出租人应当履行房屋的维修与修缮义务，免除这个责任的格式条款即为无效条款。

所谓加重承租人责任，是指出租人以订立格式条款的形式使承租人承担了超过正常范围的责任。比如，支付租金是承租人应当履行的主要义务。但出租人利用格式条款使承租人支付了除租金以外本不应由承租人支付的其他费用，如维修费、未结清的水电费、煤气费等，则这样的格式条款无效。

所谓排除承租人权利，是指出租人以订立格式条款的形式使承租人丧失了依据法律法规规定本应享有的权利。比如，依照法律法规规定，承租人享有在同等条件下的优先购买权或优先承租权，但出租人利用格式条款的形式排除了承租人享有的这类权利，则这样的格式条款无效。

4.42 房屋租赁合同的效力及于租赁房屋占用范围内的土地使用权吗？

房屋是土地的附着物，对房屋的使用当然离不开对房屋占用范围内的土地的使用。因此，承租人对房屋的使用、收益权中必然包含对相关土地的使用、收益权。尽管房屋租赁合同的标的物是房屋，但其效力必然及于房屋占用范围内的土地。《城市房屋租赁管理办法》第二十五条规定："以营利为目的，房屋所有权人将以划拨方式取得使用权的国有土地上建成的房屋出租的，应当将租金中所含的土地收益上缴国家。"这也是我国房地产市场中确立的"地随房走"原则的必然要求。

4.43 碰到"一屋两租"的情况时，承租人应如何维护自己的租赁权益？

同"一屋两卖"一样，"一屋两租"在房屋租赁市场中是不时发生的现象。就同一套房屋先后订立两份房屋租赁合同，必然意味着出租人无法履行其中的一份合同。在这种情况下，究竟应该优先保护谁的利益，是保护先订立合同的当事人的利益，还是保护后订立合同的当事人的利益呢？这要视房屋租赁合同是否登记备案而定。

(1) 未登记备案

尽管租赁权有物权化的趋势，但它毕竟仍然是债权。根据债权平等性的原理，在同一标的物上先后成立数个债权的情况下，各个债权都不具有优先效力。根据《合同法》第四十四条规定，依法成立的合同，自成立时生效。也就是说，经过意思表示一致所达成的合同，不论是先订立的还是后订立的，都是有效的合同，都具有法律约束力。由于作为出租标的物的房屋的单一性，出租人是不可能同时履行两份房屋租赁合同的，所以有一份合同无法履行也就不足为奇。根据《合同法》第一百零七条规定，当事人一方不履行合同义务或者履行合同义务不符合约定的，应当承担继续履行、采取补救措施或者赔偿损失等违约责任。出租人履行合同的标准是交付房屋。得到履行的合同，该合同的承租人就可以使用房屋；未得到履行的合同，依然有效。不过承租人不能要求出租人继续履行，只能要求出租人承担除继续履行以外的其他违约责任。当然，得不到履行的合同的承租人也不能要求得到履行的合同的承租人搬迁。

(2) 已登记备案

当事人在签订房屋租赁合同后未办理登记备案手续虽然不影响房屋租赁合同的效力，但却不能对抗善意第三人。在"一屋二租"的情况下，出租人将同一房屋出租给两个承租人并与他们都签订了房屋租赁合同，如果成立在先的房屋租赁合同未办理登记备案手续，而成立在后的房屋租赁合同办理了登记备案手续，那么法律保护办理了登记备案手续的承租人的承租权，而不保护未办理登记备案手续的承租人的承租权。对于未办理登记备案手续的承租人，只能要求出租人承担违约责任，而不能要求其他承租人腾退房屋。

因此,为了防止"一屋二租",更有效地保护承租人的租赁权益,我们建议承租人在与出租人订立房屋租赁合同后,最好到房屋所在地市、县人民政府房地产管理部门办理登记备案手续。

4.44 承租房屋被他人占用且已到期,但拒绝搬迁的,承租人应该如何处理?

承租人在订立房屋租赁合同后发现承租房屋被他人占用,就意味着出租人不能依约交付标的物——房屋。在这种情况下,出租人应当承当违约责任。这是保护承租人合法权益的最便捷的手段。但是,如果承租人不同意出租人承担除继续履行之外的违约责任的,坚持要求出租人交付房屋的,由承租人行使代位权就是保护自己合法权益的最佳手段。

所谓代位权,是指在债务人怠于行使其到期债权而给债权人造成损害时,债权人享有的以自己的名义向人民法院代位行使债务人债权的权利。《合同法》第七十三条规定:"因债务人怠于行使其到期债权,对债权人造成损害的,债权人可以向人民法院请求以自己的名义代位行使债务人的债权,但该债权专属于债务人自身的除外。代位权的行使范围以债权人的债权为限。债权人行使代位权的必要费用,由债务人负担。"

可见,代位权的行使条件如下:

(1) 债权人对债务人的债权合法;

(2) 债务人怠于行使其到期债权,对债权人造成损害;

(3) 债务人的债权已到期;

(4) 债务人的债权不是专属于债务人自身的债权。

根据最高人民法院《关于适用〈中华人民共和国合同法〉若干问题的解释(一)》第十二、十三条规定,专属于债务人自身的债权,是指基于扶养关系、抚养关系、赡养关系、继承关系产生的给付请求权和劳动报酬、退休金、养老金、抚恤金、安置费、人寿保险、人身伤害赔偿请求权等权利而产生的债权。"债务人怠于行使其到期债权,对债权人造成损害的",是指债务人不履行其对债权人的到期债务,又不以诉讼方式或者仲裁方式向其债务人主张其享有的具有金钱给付内容的到期债权,致使债权人的到期债权未能实现。

具体到本问题,承租人在订立房屋租赁合同后发现承租房屋被他人占用且已到期,但占用人拒绝搬迁的,损害了承租人的合法权益,致使承租人无法按照租赁合同使用房屋,符合代位权的构成要件。因此,承租人可以以自己的名义向被告住所地人民法院提出代位权诉讼。

4.45 租房期间物价上涨,出租人可以要求增加租金吗?

租赁期间物价上涨,出租人是否可以要求增加租金,应视不同情况而定:

(1)对于租赁期限较长或者未定租赁期限的房屋租赁,如果订立房屋租赁合同时所确定的租金标准与现在的市场租金标准相差太大,以至于对出租人而言显失公平,那么出租人就可以在法律政策允许的范围内,要求承租人适当地增加租金。如果承租人不同意增加租金,出租人可以向人民法院起诉。

(2)对于租赁期限较短的房屋租赁,如果增加租金,则对承租人显失公平。在这种情况下,出租人就不能要求承租人增加租金。如果出租人要求承租人增加租金,承租人有权拒绝,仍按合同订立时确定的租金标准支付租金。

第 5 章

房屋租赁的日常生活

经过房屋租赁的前期准备工作，签订了房屋租赁合同之后，出租人就需要向承租人交付房屋，而承租人也将在租赁房屋内开始日常生活。对于租赁双方来讲，这不是租赁关系的终点，而是起点。房屋能否按照《房屋租赁合同》约定的条件按时交付；承租人能否按照合同的约定合理使用房屋；装修需注意哪些问题；面对一些突发事件，租赁双方如何协力处理等。诸如此类的问题，相信广大出租人和承租人都非常关心。而本章需要解决的就是房屋租赁日常生活中常见的问题。

5.1 什么是租赁房屋交付？

交付就是指把物交给对方占有或控制。在所有权取得中，交付具有重要意义。

租赁房屋交付是指房屋出租人依据双方签订的房屋租赁合同，按照合同约定的时间，将符合合同规定的房屋交付给承租人，并由承租人验房、收房的过程。

5.2 在房屋交验过程前，出租人应该做好哪些准备？

按照房屋租赁的标准程序，在房屋正式交付之前一般要经历一个房屋交验过程。房屋交验过程一般在签订房屋租赁合同之前进行。只有在交验完成后，双方均无任何异议且都表示满意，有了租赁意向之后，才进行下一步——签订房屋租赁合同。在房屋交验过程中，承租人最好做好以下几方面的准备过程：

当双方达成一致确定租赁关系时，承租人需要核实房东身份证件及有关证件。

双方应该在进行了房屋交验之后，将《物业交验单》作为《房屋租赁合同》的附件。《物业交验单》主要内容包括：物业是否与合同约定的一致；物业里的家具等是否已搬空；物业钥匙是否已交付；水电费、煤气费、电话费、有线电视费等杂费是否已经结清。

5.3 房屋出租人能向承租人收取房屋租赁押金吗？

租赁押金也叫租赁保证金，是一种履约保证的措施，是指出租人根据租赁期限、租金支付期限、房屋用途、维修责任等因素与承租人约定收取的租赁押金。房屋出租时，出租人可以与承租人约定收取房屋租赁保证金。租赁保证金的数额由双方当事人约定。租赁关系终止时，房屋租赁保证金除用以抵冲合同约定由承租人承担的费用外，剩余部分应当归还承租人。公有住房出租人不得向承租人收取房屋租赁保证金。

5.4 出租人不能按时交付房屋怎么办？

在实际情况中，往往存在着这样的现象：承租人做好了一切准备，在租赁双方约定的时间去找出租人验房、收房，却被出租人告知房子不能按时交付使用。这种情况往往会给承租人带来诸多不便，甚至给承租人造成巨大的经济损失。此时，很多承租人为了避免再次经历找房、谈判的麻烦，往往一忍再忍。其实，出租人如果不能按时将房屋交付给承租人使用，承租人完全可以催告出租人限期交付；逾期仍未交付的，承租人有权要求解除房屋租赁合同，并要求出租人承担违约责任。

5.5 房屋交付时没有达到合同约定的交付条件怎么办？

如果房屋在交付时没有达到合同约定的条件，尤其对于商铺等商业性房屋来讲，将会使承租人蒙受损失。因此，当承租人遇到出租人交付的房屋不符合租赁合同的规定，造成其不能正常使用的，承租人可以要求解除房屋租赁合同，并要求出租人承担违约责任。

5.6 房屋交付时存在缺陷怎么办？

在房屋交付过程中，还存在着这样一种情况：房屋租赁双方在合同中并没有约定，出租人按照合同约定的条件将房屋交付给承租人使用时，承租人发现房屋存在着缺陷，并且该缺陷致使承租人无法正常使用该房屋到底应该如何处理。这种情况下，承租人可以要求出租人限期修复或减少租金。如果该缺陷危及到承租人的安全，承租人可以要求解除房屋租赁合同。

5.7 租赁房屋上设定抵押，对房屋租赁合同与租赁各方当事人的权利有何影响？

就租赁房屋设定抵押的，无论抵押是在租赁合同成立之后设定的，还是在房屋出租之前就已经设定的，该抵押权对已经生效的房屋租赁合同的履行，均不产生影响。

（1）租赁房屋出租后，出租人又在房屋上设定抵押的，由于租赁关系的标的是对房屋的占有、使用和收益，并不涉及抵押物的价值问题；而抵押权针对的是房屋的交换价值。因此，这两种权利并不直接发生冲突。抵押权人实现抵押权后，由于有民法上"买卖不破租赁"原则的存在，承租人的权利也不会因为抵押权的实现而受影响。

（2）先在房屋上设定抵押权，然后出租人又将房屋出租的，租赁合同虽然有效，但不能对抗抵押权人。因为根据最高人民法院《关于适用〈中华人民共和国担保法〉若干问题的解释》第六十六条规定:"抵押人将已抵押的财产出租的,抵押权实现后,租赁合同对受让人不具有约束力。抵押人将已抵押的财产出租时,如果抵押人未书面告知承租人该财产已抵押的,抵押人对出租抵押物造成承租人的损失承担赔偿责任;如果抵押人已书面告知承租人该财产已抵押的,抵押权实现造成承租人的损失,由承租人自己承担"。可见,后成立的租赁关系对先设立的抵押权无对抗效力,抵押权人在实现抵押权时,可按房屋并无租赁关系存在进行变卖、拍卖而获得清偿,租赁关系对于受让人亦无约束力。同时应当注意,出租人与承租人之间的房屋租赁合同有效,由于抵押权人行使抵押权致使承租人不能行使承租权的,承租人可以据此要求承租人承担违约责任。

5.8 房屋交付后,如果遇拆迁应该怎么办?

出租房在交付给承租人使用后,如果遇到拆迁安置问题,可以按照以下方式处理:

建设单位如果给出租人安置新房,则新房产权仍归原房主,原房屋已存在的租赁关系依然有效,可按租赁合同继续执行,出租人不得以拆迁为借口,终止租赁合同,收回房屋。但因所补偿安置的房屋与被拆迁房屋原状有所不同,租赁双方也可根据实际情况,对租金作相应的调整。已租赁的非居住房屋被拆迁时,建设单位可根据使用人的实际情况和要求,安置新房或作价补偿。如果采取安置新房的形式,原租赁关系可继续保持;如果安置后的房屋,不适合承租人原用途,房屋租赁双方可以解除合同,承租人的用房由建设单位另行安置,如果采取作价补偿的形式,房屋租赁关系自然解除。

5.9 如果租用了法律禁止出租的房子怎么办?

根据我国《合同法》的规定,如果承租人租用法律禁止的房子,就有可能因违反了法律法规的强制性规定而导致租赁合同无效,承租人也因此无法追究出租人的违约责任。但这个时候承租人可以要求出租人退还房租，如果出租人有过错的话，还可要求出租人赔偿损失。如果承租人是因为受到出租人的欺诈而租用了法律禁止出租的房屋，承租人还可以撤销合同，要求对方赔偿损失。如果房屋不符合安全标准，危及承租人安全或身体健康的，承租人即使在租赁的时候知道这种情况，也可以随时解除合同。

5.10 什么是"买卖不破租赁原则"？

在租赁期限内出租人出卖租赁房屋的，不影响承租人的使用、收益，即租赁合同对承租人和租赁房屋的受让人继续有效，这就是民法上著名的"买卖不破租赁"原则。最高人民法院《关于贯彻执行〈中华人民共和国民法通则〉若干问题的意见（试行）》第一百一十九条第二款规定："私有房屋在租赁期间内，因买卖、赠与或者继承发生房屋产权转移的，原租赁合同对承租人和新房主继续有效。"《合同法》第二百二十九条规定："租赁物在租赁期间发生所有权变动的，不影响租赁合同的效力。"《城市房屋租赁管理办法》第十一条第一款规定："租赁期限内，房屋出租人转让房屋所有权的，房屋受让人应当继续履行原租赁合同的规定。"因此，房屋在租赁期间转让的，房屋的受让人应当继续履行租赁合同，并与承租人签订租赁主体变更合同。

5.11 什么是优先购买权？

优先购买权是指在相同的价款、支付方式、期限等同等条件下优先于他人购买的权利。法律法规确定承租人在同等条件下的优先购买权，其立法目的是减少买卖纠纷，防范交易风险，降低交易成本，便于房屋的占有、使用和管理，贯彻物尽其用的民法原则。

目前，关于承租人优先购买权的规定主要有三：

一是国务院《城市私有房屋管理条例》第十一条规定："房

屋所有人出卖出租房屋，应提前三个月通知承租人。在同等条件下，承租人有优先购买权。"

二是最高人民法院《关于贯彻执行〈中华人民共和国民法通则〉若干问题的意见（试行）》第一百一十八条规定："出租人出卖出租房屋，应提前三个月通知承租人。承租人在同等条件下，享有优先购买权；出租人未按此规定出卖房屋的，承租人可以请求人民法院宣告该房屋买卖无效。"

三是《合同法》第二百三十条规定："出租人出卖租赁房屋的，应当在出卖之前的合理期限内通知承租人，承租人享有以同等条件优先购买的权利。"

因此，房屋所有人未按上述规定出卖出租房屋的，承租人可请求人民法院宣告该买卖合同无效。

5.12 承租人和房屋共有人都主张优先购买权，该怎么办？

我国《民法通则》第七十八条第三款规定："按份共有财产的每个共有人有权将自己的份额分出或者转让。但在出售时，其他共有人在同等条件下，有优先购买的权利。"这是对房屋共有人优先购买权的规定。

我国《合同法》第二百三十条规定："出租人出卖租赁房屋的，应当在出卖之前的合理期限内通知承租人，承租人享有以同等条件优先购买的权利。"这是对承租人优先购买权的规定。

因此，在出售被出租的共有房屋时，势必会产生房屋共有人的优先购买权和房屋承租人的优先购买权相互冲突的情况。那么，这两个优先购买权到底谁更优先呢？从民法原理看，房屋共有人的优先购买权是基于所有权，而房屋承租人的优先购买权是基于租赁合同，该权利本身是一种"可以实现权利的权利"，具有附属性，不具有物权性质，仅具有债权效力，即承租人仅具有请求与出租人就租赁物订立买卖合同的请求权。因此，根据物权优于债权的民法原理，在同等条件下，房屋共有人的优先购买权是优于承租人的优先购买权的。

5.13 局部承租人是否可以主张整个租赁房屋的优先购买权?

房屋局部承租人的优先购买权问题,目前法律无明文规定。司法实践基于优先购买权的立法目的和公平原则,一般区别具体情况对待。

并非每个局部承租人均享有整栋房屋的优先购买权,如果允许局部承租人对出售的整栋房屋享有优先购买权,那么,多个承租人都享有整栋房屋的优先购买权,当这些承租人同时主张优先购买权时,显然会人为造成更多的纠纷,影响出租人的交易,这与赋予承租人优先购买权,减少交易成本的立法目的不一致。在司法实践的认定中,一般认为只有承租了整栋房屋50%以上面积的承租人方能享有优先购买权。虽然亦是局部承租人,但事实上他已与全部承租人相近。根据"相近的事物应当同样处理"的类推适用原理,可赋予该承租人优先购买权。

5.14 房屋使用过程中产生的收益归谁所有?

承租人在使用房屋过程中所产生的收益,比如承租人租赁商铺进行经营所获得的收入等如何分配的问题,应当视房屋租赁合同有无约定而定:如果房屋租赁合同没有约定的,应该归承租人所有;但是如果租赁合同事先有约定收益归谁所有的,应当遵从合同约定分配收益。

5.15 房屋交付后,承租人能够改变房屋的用途吗?

房屋承租人应该按照合同约定的房屋用途使用房屋,并遵守国家和房屋所在地有关房屋使用和物业管理的相关规定。承租人确实需要改变用途的,应当书面通知出租人并征得其同意,其中依法需经有关部门审批的,应当由出租人或出租人委托承租人报有关部门批准。

承租人在没有征得出租人同意的条件下擅自改变房屋用途,致使房屋损坏的,出租人可以解除租赁合同,并有权要求承租人赔偿损失。

5.16 出租人迟迟不肯维修房屋，承租人可以拒付房租吗？

可以。

在房屋租赁合同中，支付租金和修缮房屋都是租赁合同的主要条款。因此，一方违反其中的一项义务，另一方可以援用同时履行抗辩权，即未约定先后履行顺序的双务合同中，当事人应同时履行，合同的当事人一方在他方未为对待给付之前，有权拒绝自己的履行。

但需要注意的是，同时履行抗辩权不能滥用，它的行使是有严格的条件限制的：

其一，须双方互负的债务均已届清偿期。如因出租人不肯维修房屋，而承租人拒绝支付租金时，出租人不得以此为理由，要求取回其已交付的租赁房屋，因为承租人只是在租赁关系期满或终止时，才负有返还房屋的义务。

其二，双方当事人之间的债务是根据同一个合同产生的。如果双方当事人的债务不是基于同一合同，即使在事实上密切关系，也不能主张同时履行抗辩权。如承租人为保养租赁房屋曾支付过一定的维修费用，为了要求返还费用而援用同时履行抗辩权，拒绝返还租赁房屋，这显然是不适当的。

5.17 在租赁合同履行过程中，发现承租人资信出了问题，该怎么办？

出租人可行使不安抗辩权，中止履行，并及时通知对方，对方提供适当担保时，应当恢复履行。承租人在合理期限内未恢复履行能力并且未提供适当担保的，出租人可以解除合同。

不安抗辩权是指先为履行的一方，在对方财产、商业信誉或者其他与履行能力有关的事项发生重大变化时，可以中止履行债务的权利。但该权利的行使必须有确切证据证明对方有下列情形之一：

(1) 经营状况严重恶化

主要指承租人由于经营等原因而造成财产状况严重恶化或者财产明显减少。市场竞争异常激烈,市场行情瞬息万变,经营者在市场交易中既有机遇,又充满风险。尤其在商铺租赁中,订立合同与合同期满时难免发生此一时彼一时的现象,如承租人的经营状况在履约时严重恶化,致使丧失或可能丧失交纳租金的能力。那么,承租人就可以援用不安抗辩权以避免自己的利益受损。

(2) 转移财产、抽逃资金,以逃避债务

这是一种严重的欺诈行为,在专以逃避债务为目的的转移财产、抽逃资金的情况下,既然承租人有逃避债务的恶意,原则上只要有此类行为,那么,不问程度如何,出租人都可以行使不安抗辩权。

(3) 丧失商业信誉

商业信誉是大众对经营者商业信誉状况的评价。所谓丧失商业信誉,是指承租人在进行商业活动过程中,商业信誉很差,严重违背了诚实信用原则。如果承租人在经济交往中屡屡违约,不讲信用,也可以构成行使不安抗辩权的事由,但必须达到严重的程度。

(4) 有丧失或者可能丧失履行债务能力的其他情形

这是一种补充规定,便于法官行使自由裁量权,对法律不能完全概括的情形进行裁判。

5.18 房屋交付后,哪些情况下租赁双方可以解除合同且均不需承担违约责任?

如遇不可抗力事件,可适用法定解除,双方当事人均不需承担违约责任。所谓不可抗力,是指不能预见、不能避免并不能克服的客观情况。因不可抗力和不可归责于承租人的原因导致租赁房屋部分毁损、灭失的,依《合同法》规定,承租人可以请求减少租金;全部毁损、灭失的,承租人可以请求不支付租金。对于

不能实现合同目的的,承租人可以解除合同。当然,在不可抗力的适用上,有以下问题值得注意:

(1) 合同中是否约定不可抗力条款,不影响直接援用法律规定;

(2) 不可抗力条款是法定免责条款,约定不可抗力条款如小于法定范围,当事人仍可援用法律规定主张免责;如大于法定范围,超出部分应视为另外成立了免责条款;

(3) 不可抗力作为免责条款具有强制性,当事人不得约定将不可抗力排除在免责事由之外。

租赁生活中出现的不可抗力事件,主要有:

(1) 该房屋因城市建设需要被依法列入房屋拆迁范围内的,承租人应服从政府的号召,主动与出租人平等协商合同解除事宜。

(2) 因地震、火灾等不可抗力致使房屋毁损、灭失或造成其他损失的。

5.19 因第三人的原因导致房屋存在瑕疵,承租人可否要求出租人减少租金?

按照《合同法》的相关规定,出租人出租房屋,负有保证承租人正常行使使用、收益房屋的权利。只要承租人的该项权利受到损害,则不管是出租人的原因还是第三人的原因,均属于履行合同的瑕疵,即出租人履行房屋租赁合同不符合约定,出租人应当负责予以排除。在尚未消除瑕疵而影响承租人使用、收益的,承租人可以要求出租人减少租金。

5.20 房屋租赁期间,第三人对房屋进行侵害,承租人可否直接向侵权人主张权利?

承租人承租房屋后,即对房屋享有占有、使用和收益的权利。当第三人的行为影响到这些权利的行使时,承租人可以基于承租权请求侵权人停止侵害、排除妨害、赔偿损失。而房屋所有权人也可以基于所有权向侵权人主张权利。

虽然,这是两种不同性质的权利,也各有其行使范围。但从实际的行使来看,房屋所有人对房屋的权利与承租人对房屋的权利有时会有交叉的。因此,双方的权利如何行使、协调一直都是比较有争议的问题。我们认为,双方的权利行使应当坚持如下原则:即双方权利重合的部分,其中一方行使权利的,另外一方可以加入已经主张权利的当事人一方来,但不能另外单独主张这部分权利。同时,对于所有权人的权利与承租人的权利不一致的地方,应当各自主张,另外一方不能主张属于对方的权利。如承租人可以要求侵权人承担因故意或重大过失而给自己带来的营业损失,所有权人就不能主张;同样,第三人所侵害的权利是所有权人的权利,而非承租人的权利时,承租人也不得行使损害赔偿请求权。

5.21 住房公积金可以支付房租吗？

根据《住房公积金管理条例》,房租超出家庭工资收入的规定比例的,可以提取职工住房公积金账户内的存储余额。

5.22 房屋交付后,承租人延期交付租金或不支付租金怎么办？

房屋承租人有按照合同的约定按时交付租金的义务。如果房屋承租人延期交付租金,应当支付违约金。违约金数额应该依据房屋租赁合同的约定来确定;租赁合同没有约定违约金数额或者约定不明确的,按照拖欠租金金额的日万分之四的标准计算。承租人逾期不支付租金累计超过六个月的,出租人可以解除租赁合同,但租赁合同另有约定的除外。房屋出租人应当按照合同的约定收取租金,除租赁合同另有约定的外,出租人不得再向承租人收取其他费用。发生承租人延期交付租金或者不支付租金的情况时,出租人可以就此进行交涉,交涉不成功时,出租人可以依法提起民事诉讼维护自己的权益。

5.23 承租人拒不交租金，出租人有哪些措施？

为防止承租人欠着租金不告而别，出租人在催告后可立即向法院起诉，要求法院查封、扣押承租人的财产，也就是诉讼财产保全。如遇情况紧急，出租人也可以向法院申请诉前财产保全，然后再起诉。

那么出租人可不可以留置承租人的财产，抵扣房租呢？除非双方在合同中有约定，以承租人的某个财产作为支付房租的抵押，否则，这种行为是得不到法律支持的。留置作为一种担保方式，有特殊的实现条件，那就是只有一方依据合同占有另一方的财产，而另一方又没有按合同约定的期限履行债务时，才能留置另一方的财产。因此，出租人不能因承租人违约而依据租赁合同占有承租人放置在出租房屋内的财产。

5.24 出现纠纷，出租人对租赁房屋断电、断水了怎么办？

出租人断电、断水的行为在不同的情况下，可能包含不同的意思。如以不让承租人继续使用房屋为目的的断电、断水，就应当认为是要求解除合同；如以使承租人支付租金为目的，则构成对欠租部分的抗辩。《合同法》第六十七条规定："当事人互负债务，有先后履行顺序的，先履行一方未履行的，后履行一方有权拒绝其履行要求。先履行一方履行债务不符合约定的，后履行一方有权拒绝其相应的履行要求。"在房屋租赁合同中，承租人的主要权利义务是取得房屋并能正常使用，同时向出租人支付房租；出租人的主要权利义务就是收取房租和提供能正常使用的房屋。而出租人提供能正常使用的房屋中包括供电、供水等内容。因此，当承租人不按约定支付房租且又占据房屋不走的情况下，出租人完全可以中止向承租人供电、供水。因此，出租人的行为是否会得到法律支持，须结合具体案例具体判断。

至于出租人采取前述行为后，承租人应否支付同期租金的问题,也应当结合具体情况来分析。当断电等行为尚未根本影响到承租人使用房屋的,那么承租人只能要求相应地减少租金,而不能完全不支付租金;如果断电等行为根本影响了承租人对房屋的使用,尤其是在商铺租赁中,出租人采取上述行为,必将使承租人不能实现合同目的,此时,承租人就不必继续支付该期间的租金。但是在后一种情形下,承租人如果在断电期间仍然占用了房屋,则应结合出租人是否解除合同、是否已给予了合理的搬出期限等因素,综合考虑是否应给予出租人以合理的补偿。

5.25 承租人没有交纳物业费,物业公司有权要求出租人付款吗?

如果出租人和承租人约定由承租人向物业公司交纳物业费,而且得到了物业公司的书面确认,那么物业公司就不能再要求出租人付款了,否则,物业公司还是有权要求出租人付款的。

也就是说承租人向物业公司交纳物业费的约定,必须要得到物业公司的确认。如果出租人和承租人的这个约定没有得到物业公司的书面确认,那么这个约定也只能对出租人和承租人有约束力,而对物业公司不发生效力,出租人必须对物业公司承担责任。

5.26 租金标准如何确定?

根据《城市私有房屋管理条例》,房屋租金应由租赁双方按照房屋所在地人民政府规定的私有房屋租金标准,协商议定;没有规定标准的,由租赁双方根据公平合理的原则,参照房屋所在地租金的实际水平协商议定,不得任意抬高。出租人除收取租金外,不得收取押租或其他额外费用。承租人应当按照合同规定交租,不得拒交或拖欠。

5.27 划拨国有土地上建成的房屋出租的,租金如何处置?

以营利为目的,房屋所有权人将以划拨方式取得使用权的国有土地上建成的房屋出租的，应当将租金中所含土地收益上缴国家。土地收益的上缴办法，应当按照财政部《关于国有土地使用权有偿使用收入征收管理的暂行办法》和《关于国有土地使用权有偿使用收入若干财政问题的暂行规定》的规定，由直辖市、市、县人民政府房地产管理部门代收代缴。国务院颁布新的规定时，从其规定。

5.28 什么是房屋转租？

房屋转租是房屋出租后，承租人在房屋租赁期间将其承租房屋的部分或全部再出租的行为。包括以联营、承包经营和合作经营等名义，将承租的房屋再出租给他人使用，不参与经营而获得租金性收益的行为。

从原租赁关系对转租法律关系形成的影响看，房屋转租分两种：一种是以一般民事法律关系为基础再出租而形成的房屋转租，可称其为一般房屋转租关系，转租关系是否形成，或者说承租人是否有权转租房屋的前提是房屋出租人是否同意；另一种是以公房租赁关系为基础再出租而形成的转租关系，承租人转租是否需经原出租人同意，需依照各地的规定。

并不是所有的出租房屋都可以转租，承租人拖欠租金的、承租人在承租房屋内擅自搭建的、预租的商品房均不得转租。

5.29 承租人如何才能转租房屋呢？

对于房屋租赁合同约定可以转租的，承租人可以按照租赁合同的约定转租房屋；房屋租赁合同没有约定可以转租的，承租人只有在征得出租人书面同意后才可以转租房屋；未征得出租人同意转租房屋的，出租人有权解除租赁合同。房屋转租，应当订立转租合同，并办理登记备案手续。因转租取得的收益，需依法纳税。

房屋转租期间，原租赁合同发生变更，影响转租合同履行的，转租合同应当随之变更；租赁合同解除的，转租合同应当随之解除。由此给第三人带来的损失，由转租人承担，但如果出租人也分享了部分收益的，也应按比例承担。房屋转租合同约定租期的最后时限，不得超过租赁合同中约定的最后租期。但是，如果出租人同意，并且和承租人签订了相应的补充协议，那么转租期限就可以比原租期长。

5.30 转租方对房屋造成的损坏，应该由谁来承担赔偿责任？

承租人转租的，承租人与出租人之间的租赁合同继续有效。因此，一般来讲，转租方对房屋及其附属设施造成的损坏，应该由承租人承担赔偿责任。至于承租人承担该项赔偿责任后如何与转租方进行责任的划分，应该由双方事先在房屋转租合同中约定，并依照合同的约定进行。

5.31 转租以后的增值租金应归谁所有？

承租人经出租人同意，可以将租赁房屋转租给第三人。在合法转租的情况下，承租人作为转租人，和第三人的关系与一般租赁关系并无区别。原租赁双方当事人可以协商确定房屋转租后增值租金的归属，如无约定，则收益归承租人所有。

反之，一旦第三人没有按期缴纳房租，承租人也不能因此拒付出租人房租，必须按原租赁合同继续支付，但可以向第三人追究违约责任。

5.32 转租和承租权的转让是一回事吗？

房屋转租与承租权转让是房屋租赁关系变动的两种典型方式，特别是随着商铺、办公楼等非居住用房投资的火爆，它们在现实生活中也日渐普遍，但两者存在很大的差异。

从根本上说，转租是在原租赁合同的基础上设立一个新的租赁合同，这个租赁合同与原合同构成一种附属关系，表现为：

（1）房屋转租期间，本租合同发生变更，影响转租合同履行的，转租合同应当随之变更；

(2) 房屋转租期间,本租合同解除的,转租合同应当随之解除;

(3) 转租合同约定的租期最后时限,不得超过本租合同中约定的最后租期。

而承租权转让则是租赁合同的概括转移,即原承租人的权利和义务概括地由新承租人承受。原承租人由此退出租赁关系,转而由受让承租权的第三人与出租人建立新的租赁合同关系,他们也可以不受已经终止的原租赁合同的约束,重新设定双方的权利义务关系。

另外,二者在书面同意的表现形式上略有不同。转租中一般有两种形式,一是在原租赁合同中已经约定了承租人可以转租的条款,二是另行出具的同意书;而承租权转让通常不会在合同中先行约定,只能另行取得出租人出具的同意书。

5.33　承租人应当如何办理续租手续?

租赁期满,原租赁合同就终止了。续租则是订立新的合同,双方都有权利选择是否续租。所以出租人可以将房屋留作自用,或者高价租给别人。

如果承租人要继续租用该房屋,就应在租赁期限届满前3个月提出,经过出租人同意后重新签订租赁合同,并和原租赁合同一样,按照规定办理租赁合同备案等手续。

当然,承租人享有优先承租权,也就是说,租赁期满,出租人需要继续出租的,在同等条件下,出租人应当将房屋租给承租人,而不能租给第三人,除非第三人的条件更加优厚。

5.34　承租人没有办理续租手续会怎样呢?

租赁期满双方未办理续租手续,出租人有权要求承租人搬出。如果承租人继续住在租赁房屋里,而出租人没有提出异议的,原租赁合同继续有效,但此后的租赁为不定期租赁。也就是说,租赁双方随时都可以解除合同,但出租人应当在合理期限前通知承租人。

5.35 承租人能提前退租吗？如果提前退租，应当提前多长时间通知出租人？

如果合同中规定了租赁期限，同时没有对提前退租问题作出特别规定的话，承租人提前退租就是一种违约行为，需要承担违约责任。承租人提前退租，应当在合理的期限以前通知出租人，以便出租人能找到新的房客。合理期限是多长，法律上没有规定，要根据具体情况和合同的约定来定，通常是一个月。

5.36 房屋交付后，承租人能够对房屋进行装修吗？

房屋交付使用后，承租人如果要对房屋进行装修或者增设附属设施时，如果双方在签订房屋租赁合同时已经有所约定的，遵从约定；没有约定的，承租人应当书面通知出租人。根据《住宅室内装饰装修管理办法》，非业主的住宅使用人对住宅室内进行装饰装修，应当取得业主的书面同意。

增设的附属设置应当由租赁双方当事人协商确定归属及维修责任，其中依法须经有关部门审批的，应当由出租人或出租人委托承租人报有关部门批准。

承租人未征得出租人同意或者超出出租人同意的范围和要求装修房屋或者增设附属设施的，出租人可以要求承租人恢复房屋原状或者赔偿损失。

5.37 什么是免租装修期？

免租装修期不是法律明确规定的概念，所以应当通过合同来约定其内容。免租装修期较多出现在写字楼、商铺租赁当中，主要是由于承租人在交房后需要对房屋进行装修，实际不能办公、营业。在此种情形下，出租人同意不收取承租人装修期间的租金。但依据惯例，因使用而产生的水费、电费、电话费、物业服务费等仍需要支付。所以，免租装修期的长短以及各种费用的承担，必须依据合同明确约定。

5.38 对于承租人来说，对租赁房屋进行装修，要注意哪些问题？

（1）合同期限

装修时要精打细算，因为毕竟不是承租人自己的房子，承租人总有搬走的一天，所以在装修时要"点到为止"。要确定装修后能住多久，按照经验来说，即使是对墙面、地面的简单装修，如果租住的时间少于两年，装修支出是"享受"不回来的。决定装修之后，一定要控制施工支出，降低用材成本但不能降低工艺。工艺的质量是一定要保证的，人工费是省不了的，所以最好的选择是在材料上节省，比如用合成材料来代替木料。

（2）不打扰邻居

装修人对住宅进行装饰装修前，应当告知邻里。租赁房屋装修不同于其他装修工程，因为施工现场的隔壁就有人居住。为了能有良好的邻里关系，装修工程能顺利进行，承租人要注意在施工中一定要注意控制好时间，不要扰民，在夜间22：00至次日7：00时间段内，不得从事敲、凿、刨、钻等噪声强烈的活动。

因装修装饰造成管道堵塞、渗漏水、停电、物品损坏等，应由装修人赔偿。如由装饰装修企业造成，由装修人赔偿后向装修公司追索。装修形成的各种废弃物不能随意乱扔、乱抛，应当按照规定归集处理。

（3）住宅装修需符合技术标准要求

装修人和装饰装修企业从事住宅室内装饰装修活动，超过设计标准或者规范增加楼面荷载的，应当经原设计单位或者具有相应资质等级的设计单位提出设计方案；改动卫生间、厨房间防水层的，应当按照防水标准制订施工方案，并做闭水试验；遵守施工安全操作规程，按照规定采取必要的安全防护和消防措施，不得擅自动用明火和进行焊接作业，保证作业人员和周围住房及财产的安全；不得侵占公共空间，不得损害公共部位和设施。

5.39 对于承租人来说，对租赁房屋进行装修时，有哪些技巧？

承租人要靠装饰来突出房间和自己的个性，但是毕竟承租人要装修的房屋不是自己的，"大动干戈"有浪费金钱之嫌。所以，租赁房屋装修的最重要的原则就是少改动，多创意。

具体来说，租赁房屋的装修要走装饰为主的路线，以配饰来营造个人空间。通过家具、饰品以及窗帘、床布、桌布等来营造家的感觉。另外，墙面色彩也是一个可以做文章的地方，选择一些自己喜欢的颜色，这样租来的小屋马上就会有主人的味道了。对于原有出租人的家具，如果承租人不喜欢其木饰面或其木饰面已陈旧，比如柜子、房门的把手漆面已氧化变色，此时可在其表面贴上波音软片或PVC木纹纸，波音软片不怕刮花、防水性能好，施工十分方便，且重要的是售价低廉，非常适合"承租人"。

5.40 对于承租人来说，对租赁房屋装修时，如何选择装修公司？

首先要选择有品牌、有资质、讲信誉的公司，即使价格高一点，但是质量有保证。

如果经济能力有限，而且要装修的地方也不是很多，程序不复杂，也可以找非正规的装修队。此时就一定要了解对方底细，并留下联系方式，最好留下身份证明文件，这样可以保证一旦有事就能找到相关的责任人。另外，双方也必须签装修合同，如果发生纠纷，这是一个依据。

5.41 对于承租人来说，对租赁房屋装修时，怎样签订装修合同？

（1）选择规范的合同文本

签订合同时,最好能选用各地工商行政管理和建设管理委员会等部门推荐的文本,这样的文本比较规范,规定的内容也很详细和全面。

(2) 签订合同之前的准备

首先,对自己需要装潢的居室在设计、选料、设备产品、施工制作和工期及工程款支付等方面做到心中有数;

其次,要和选中的公司进一步深入咨询、商讨洽谈,充分了解公司的信息,比如是否守信、技术水平如何等;

最后,填写合同文本时必须逐条逐款阅核,对不够明确的地方要经商定后,再确认签字。

(3) 签定合同时要注意的问题

首先,审查是否是规范的合同文本,合同文本中对甲乙双方的权利和义务是否明确、公平;

其次,要查看合同上的签字、盖章前后是否一致;

最后,合同是对整个工程履行期间的惟一依据,应妥善保管,不要丢失或损坏。

5.42 与物业管理单位签订的《住宅室内装饰装修管理服务协议》有哪些内容?

装修人应当与物业管理单位签订住宅室内装饰装修管理服务协议。协议应当包括下列内容:

(1) 装饰装修工程的实施内容;
(2) 装饰装修工程的实施期限;
(3) 允许施工的时间;
(4) 废弃物的清运与处置;
(5) 住宅外立面设施及防盗窗的安装要求;
(6) 禁止行为和注意事项;
(7) 管理服务费用;
(8) 违约责任;
(9) 其他需要约定的事项。

5.43 《住宅室内装饰装修书面合同》包括哪些主要内容？

装修人与装饰装修企业应当签订住宅室内装饰装修书面合同，明确双方的权利和义务。合同应当包括下列主要内容：

(1) 委托人和被委托人的姓名或者单位名称、住所地址、联系电话；

(2) 住宅室内装饰装修的房屋间数、建筑面积，装饰装修的项目、方式、规格、质量要求以及质量验收方式；

(3) 装饰装修工程的开工、竣工时间；

(4) 装饰装修工程保修的内容、期限；

(5) 装饰装修工程价格，计价和支付方式、时间；

(6) 合同变更和解除的条件；

(7) 违约责任及解决纠纷的途径；

(8) 合同的生效时间；

(9) 双方认为需要明确的其他条款。

5.44 《住宅室内装饰装修管理办法》对室内环境质量有哪些要求？

(1) 装饰装修企业从事住宅室内装饰装修活动，应当严格遵守规定的装饰装修施工时间，降低施工噪声，减少环境污染。

(2) 住宅室内装饰装修过程中所形成的各种固体、可燃液体等废物，应当按照规定的位置、方式和时间堆放和清运。严禁违反规定将各种固体、可燃液体等废物堆放于住宅垃圾道、楼道或者其他地方。

(3) 住宅室内装饰装修工程使用的材料和设备必须符合国家标准，有质量检验合格证明和有中文标识的产品名称、规格、型号、生产厂厂名、厂址等。禁止使用国家明令淘汰的建筑装饰装修材料和设备。

(4) 装修人委托企业对住宅室内进行装饰装修的，装饰装修工程竣工后，空气质量应当符合国家有关标准。装修人可以委托有资格的检测单位对空气质量进行检测。检测不合格的，装饰装修企业应当返工，并由责任人承担相应损失。

5.45 《住宅室内装饰装修管理办法》对竣工验收与保修有哪些要求？

（1）住宅室内装饰装修工程竣工后，装修人应当按照工程设计合同约定和相应的质量标准进行验收。验收合格后，装饰装修企业应当出具住宅室内装饰装修质量保修书。

（2）物业管理单位应当按照装饰装修管理服务协议进行现场检查，对违反法律、法规和装饰装修管理服务协议的，应当要求装修人和装饰装修企业纠正，并将检查记录存档。

（3）住宅室内装饰装修工程竣工后，装饰装修企业负责采购装饰装修材料及设备的，应当向业主提交说明书、保修单和环保说明书。

（4）在正常使用条件下，住宅室内装饰装修工程的最低保修期限为二年，有防水要求的厨房、卫生间和外墙面的防渗漏为五年。保修期自住宅室内装饰装修工程竣工验收合格之日起计算。

5.46 当租赁关系终止时，装修物该如何处理？

根据租赁房屋装修投入纠纷的不同类型，可区别对待：

（1）当事人约定优先

承租人经所有人同意对房屋进行装修属于合法的添附行为，对装修投入损失的承担按事先约定的办法进行处理，这是我国民法自愿原则和民事权利可处分原则在民事活动中的具体适用。《最高人民法院关于贯彻执行民法通则若干问题的意见（试行）》第八十六条规定，非产权人在使用他人财产上增添附属物，财产所有人同意增添，并就财产返还时附属物如何处理有约定的，按约定办理。

（2）未经出租人同意，擅自装修的

根据我国法律规定，非财产所有权人只有在取得所有人的同意之后，才能在他人的财产上从事添附行为，否则为侵权行为。在房屋租赁活动中，承租人只取得了房屋的使用权，在未取得房屋所有人同意的情况下进行装修，侵犯了房屋所有人的所有权，承租人应承担恢复原状和赔偿损失的责任。此种情况的具体处理办法为：当事人可协商解决，协商不成的，承租人对其投入的装修物，能够拆除的，可以责令其拆除；不能拆除的，也可以折价归财产所有人，造成财产所有人损失的，承租人应当负赔偿责任。

（3）虽经出租人同意装修，但事后补偿未作约定的

《民法通则》第一百三十二条规定，当事人对造成损害都没有过错的，可以根据实际情况，由当事人分担民事责任。承租人在取得房屋所有人的同意后对房屋进行装修是一种合法的添附行为，但双方未就装修费用的承担问题事先约定且合同属于正常终止的，实践中一般以公平合理的原则加以解决。具体处理办法是：承租人投入的装修物，能够拆除的，由承租人拆除归自己所有；不能拆除的可以折价归财产所有人；造成财产所有人损失的，承租人应负赔偿责任。

（4）出租人同意装修，但租赁合同非正常终止的

在房屋租赁合同中，承租人对租用房屋进行装修是以房屋所有权人同意为前提条件的，房屋一经装修，必然就存在着双方当事人对装修的责任承担问题。根据我国《民法通则》第六十一条的规定，民事行为被确认为无效或者被撤销的，有过错的一方应当赔偿对方因此所受的损失。因此，许多人主张处理这一类型纠纷应适用过错原则。但在整个租赁合同中，房屋装修的权利义务既作为合同的一部分又相对独立于房屋租赁关系而存在，这是物的添附在合同中体现出来的特殊性。一方当事人只有违反了房屋装修的权利义务关系，才会导致另一方当事人的损失，也只有在这种情况下才适用过错责任原则。因此，可参照上一种情况处理，如出租人有过错的，可适当给予承租人一定的补偿。

5.47 房屋租赁有哪些保险可以投保？

房屋租赁期间有时会出现家具设备损坏、盗窃受损等现象，由此产生的房东和租客之间的纠纷屡见不鲜。有些房东为规避财产损失，特地在房屋租赁合同的附件中列出出租房屋的财产清单，申明若有意外等发生，由租客赔偿。但如果遇上了意外火灾等，矛盾往往就无法解决了。现在很多保险公司推出了保险来承保房东财产，市场上主要有两类关于出租房屋的保险。

一类是家庭财产保险。部分保险公司的家庭财产险为出租用于居住的房屋及室内装潢等提供保障。如太平洋财产险的安居综合险，将房东出租的用于居住的房屋及房屋内装潢、家具等财产纳入承保范围。此外，某些房产中介公司在交易成功后奉送给房东一份免费的保险。因这类保险来自家庭财产险，一般都要房东购买，不负责租客的财产损失。值得注意的是，不少保险公司的家庭财产险将出租房屋后的损失明确列为除外责任，房东在选择家庭财产险的时候要注意仔细阅读保险条款，尤其是保险责任和除外责任。

另一类是专门为房东量身定做的出租财产保险。此类财产险为保障房东因意外事故或盗窃、抢劫造成的出租房屋、房屋附属物及房屋装修损失及出租屋内的家具、家用电器等的损失而设。同时，还附加了"租金收入损失条款"，承担在保险期限内由于保险责任范围内的原因导致被保险人的房屋无法居住，被保险人合理的租金损失。

如太平洋财产保险公司推出了"房东综合险"，主要对房东在承保居所内的财产由于自然灾害、意外损坏或遭他人恶意破坏的损失负责赔偿；同时还可附加盗抢损失保险和水、暖管爆裂保险及租金收入损失保险。

人民保险公司也推出了"E-出租无忧"，不仅保障房东室内财产被盗抢及由管道破裂、水渍等造成的财产损失和租金损失，而且还可附加"房屋出租人责任保险"，承担因火灾、爆炸、电气线路或电器设备漏电、煤气泄漏、结构破坏损失或倒塌致使房屋承租人及其家人人身伤亡的赔偿责任。

另外，需要注意的是，投保这类保险，需要房屋出租人提供房产证、户口簿等有效房产和身份证明，以确保所投保的房屋产权是合法有效的。

5.48 房屋租赁到期，承租人逾期不返还房屋该怎么办？

承租人在租赁合同期满后仍然要求继续承租该出租房并且拒不搬离该房屋，出租人却已经准备将房屋挪作他用不再出租时，要看租赁合同是否对续租问题进行了相关约定。如果合同有约定，则遵从约定；合同没有约定的，则在租赁期满后承租人享有优先承租权，在同等条件下有优先承租该房屋的权利。如果出租人将该房屋另作他用，不再进行出租的话，出租人有权要求与承租人终止房屋租赁关系，要求承租人在合理期限内搬离该出租房，并且按照双方的约定将房屋恢复原状或者达到约定的状态。如果承租人拒不搬离该房，则出租人可以先与之协商；协商不成的，出租人可以向人民法院提起诉讼，要求承租人返还房屋并支付逾期返还房屋阶段的房屋使用费。

如果租赁期届满，承租人继续使用房屋，而出租人也未提出任何异议的，则原租赁合同继续有效，只是租赁期限视为不定期，此时当事人双方均可以解除租赁合同，但是出租人解除合同的应当在合理期限之前通知承租人。

5.49 能否提前终止房屋租赁合同？

房屋租赁合同是出租人、承租人双方之间的合约。一般情况下，房屋租赁合同中有租期规定的，承租人、出租人双方不得提前终止合同，否则，即是违约行为，要承担因此产生的法律责任。在某种特殊情况下，出租人、承租人可以提前解除房屋租赁合同关系。承租人有以下行为之一的，出租人可提前解除房屋租赁合同：

(1) 承租人擅自将承租房屋转租、转让或转借的。

(2) 承租人利用承租的房屋进行非法活动，损害了公共利益的。

(3) 承租人不按合同规定的期限缴纳房租达一定时间的。

(4) 承租人违反合同擅自改变房屋用途的。

(5) 承租人严重损坏房屋或者辅助设备而拒不维修、拒不赔偿的。

根据有关法律、法规的规定，承租人或出租人因以下情况，也可以提前解除房屋租赁合同：

(1) 承租人已建有或购得房屋，无需再继续租赁他人房屋时。

(2) 承租人举家迁离租赁房屋所在城市。

(3) 出租房发生重大损坏，有倾倒危险，出租人拒不进行修缮后，承租人可终止合同。

(4) 出租人因不可预见的原因，如家庭人口骤增，确实需要收回房屋自住的，或者出租房屋因不可抗力发生重大损坏，有倾倒危险而需翻建、改建，并确有房管部门证明的。在这些情况下，出租人解除合同，应当适当赔偿承租人因迁出而遭受的经济损失，并给予承租人一定的时间来解决住房问题。如出租人需自住，而承租人一时又找不到房屋时，可由双方协商在承租人所租房屋中腾出一部分，而不能强令承租人腾房搬家。属于改建情形的，改建后房屋仍出租时，原承租人有优先承租权。

5.50 房屋租赁期内，出租人提前收回出租房应该遵守什么原则？

房屋租赁期内，如果出租人由于某种原因确实需要提前收回出租房时，房屋租赁合同中有约定的，遵从约定；没有约定的，出租人应该提前通知承租人，已经收取了租金的应该退还给承租人，并按月租金的一定比例支付违约金。

5.51 房屋租赁期内，承租人提前退租应该遵守什么原则？

房屋租赁期内，如果承租人因为种种原因确实需要提前退租房屋的，房屋租赁合同中有约定的，遵从约定；没有约定的，承租人应当提前通知出租人，并且按照月租金的一定比例向出租人支付一定数额的违约金。

5.52 房屋租赁期内，承租人突然死亡，合同还有效吗？

根据我国《合同法》第二百三十四条的规定，承租人在租赁期间死亡的，与其生前共同居住的人可以按照原租赁合同租赁该房屋。这实际上是赋予了死者生前同住人一种权利，允许他做出是继续租赁还是解除合同的选择。从法理上说，承租人死亡，是签订合同时不可预见、不可克服、不可避免的意外事件，属于合同履行中的"不可抗力"。因此，即便死者生前同住人要求解除合同，出租人也不得要求赔偿。

这里需要注意的一点是，有一种说法是"承租人生前共同居住的家人"才有这种自由选择权，实际上，法律仅仅规定了"生前共同居住人"，虽然实践中总是家人为主，但并不局限于家人，亲属、朋友甚至合租人都在此列。

如果房屋承租人的家人没有搬来和他一起居住，在承租人死亡后，原租赁合同就自动解除了。在没有经过出租人同意的情况下，没有和承租人在一起居住的家人无权擅自搬入出租房屋。

5.53 如果出租人死亡，合同还有效吗？出租人的家人可以收回房屋吗？

《城市房屋租赁管理办法》第十一条第二款规定，出租人在租赁期限内死亡的，其继承人应当继续履行原租赁合同。《合同法》第二百二十九条也规定，租赁物在租赁期间发生所有权变动的，不影响租赁合同的效力。这些规定都意味着，当出租人在合同生效期内死亡后,其继承人必须承担合同的义务、享有合同约定的权利。这主要是出于维护社会稳定、保护承租人利益的角度加以考虑的。因为出租人的死亡,对于承租人来说是一个意外事件,如果允许继承人随意解除合同,那么承租人的生活就会被打乱,基本生活的稳定也会得不到保障。

5.54 房屋租赁期满或者合同解除后,双方应该办理哪些相应的手续进行房屋的返还?

房屋租赁期满或者合同解除后,房屋承租人应当返还其租赁的房屋及其附属设施。房屋租赁双方验收认可以后在《房屋附属设施、设备清单》上签字盖章。同时,租赁双方应结清各自应当承担的费用。

承租人自行添置的设施设备,如果房屋租赁合同中有约定的,遵从约定;没有约定的,承租人可以自行收回或者留给出租人。一般来讲,房屋返还后,对于该出租房内承租人未经出租人同意遗留的物品,出租人有权自行处理。

5.55 城市生活垃圾应如何处理?

根据《城市生活垃圾管理办法》,城市生活垃圾,是指城市中的单位和居民在日常生活及为生活服务中产生的废弃物,以及建筑施工活动中产生的垃圾。其处理方法如下:

(1) 城市居民必须按当地规定的地点、时间和其他要求,将生活垃圾倒入垃圾容器或者指定的生活垃圾场所。

(2) 城市生活垃圾实行分类、袋装收集的地区,应当按当地规定的分类要求,将生活垃圾装入相应的垃圾袋内投入垃圾容器或者指定的生活垃圾场所。

(3) 废旧家具等大件废弃物应当按规定时间投放在指定的收集场所,不得随意投放。

(4) 城市中的所有单位和居民都应当维护环境卫生,遵守当地有关规定,不得乱倒、乱丢垃圾。

5.56 单位处理产生的生活垃圾，有哪些特殊要求？

根据《城市生活垃圾管理办法》，单位处理产生的生活垃圾，必须向城市市容环境卫生行政主管部门申报，按批准指定的地点存放、处理，不得任意倾倒。无力运输、处理的，可以委托城市市容环境卫生管理单位运输、处理。单位和个人不得将有害废弃物混入生活垃圾中。

5.57 国家对城市生活垃圾的清扫、收集、运输和处理的服务是否实行收费制度？

根据《城市生活垃圾管理办法》，国家对城市生活垃圾的清扫、收集、运输和处理的服务实行收费制度。城市市容环境卫生行政主管部门对委托其清扫、收集、运输和处理生活垃圾的单位和个人收取服务费，并逐步向居民征收生活垃圾管理费。城市生活垃圾的服务收费管理办法由省、自治区、直辖市人民政府制定。所收专款，专门用于城市生活垃圾处理设施的维修和建设。

第6章

房屋租赁的行政管理

房屋租赁行政管理是社会管理和治安管理的一项重要基础性工作，历来是各级公安、综合治理、民政、房地产管理、税务、工商行政管理等部门的工作重点。近年来，随着我国城乡经济的迅速发展，流动人口日益增多，房屋租赁业发展迅速。但由此引发的社会问题也日益突出，甚至出现了不法分子利用出租房屋从事违法犯罪活动的现象。房屋租赁管理工作面临着更大的压力和挑战。同时，对于广大城市居民来说，更要充分认识到房屋租赁对于保护公民的合法权益、维护社会治安秩序的重大意义，对身边与租赁相关的违法现象要积极监督、及时检举，租赁双方和基层群众自治组织更要提高觉悟，共同促进房屋租赁业的健康发展。

6.1 房屋租赁涉及到哪些行政管理部门？

房屋租赁涉及到方方面面的社会关系，对城市经济、治安、环境等领域影响深远。因此，房屋租赁的行政管理需要多个行政部门协调进行。

（1）直辖市、市、县人民政府房地产行政主管部门

直辖市、市、县人民政府房地产行政主管部门（以下简称

"房地产管理部门")主管本行政区域内的城市房屋租赁管理工作。房地产管理部门负责房屋租赁登记备案工作,掌握出租房屋的底数和基本情况。加强对房屋租赁中介机构的管理,规范房屋租赁中介机构行为,保护租赁当事人的合法权益。

(2) 公安部门

公安部门对租赁房屋实行治安管理,负责登记暂住户口,办理和查验暂住证,了解掌握房屋承租人变动情况。督促出租人与公安部门签订治安责任保证书。开展经常性的出租房屋治安检查,消除治安隐患,及时查处和依法打击出租房屋中的违法犯罪活动。指导居(村)民委员会、社会治安辅助力量协助开展出租房屋和暂住人口治安管理工作。

(3) 城镇街道居民委员会、村民委员会及其治安保卫委员会

城镇街道居民委员会、村民委员会及其治安保卫委员会,应当协助公安机关做好租赁房屋的安全防范、法制宣传教育和治安管理工作。

(4) 综合治理部门

综合治理部门负责指导各地推进社会治安防控体系建设,全面落实社会治安综合治理各项措施。加强乡镇、街道综治办和群防群治力量建设,整合各种治安防范力量。组织、协调、督促各有关部门共同做好出租房屋管理工作,定期召集有关部门研究分析管理中存在的问题,及时提出解决措施。对各部门开展出租房屋管理工作情况进行考核。

(5) 民政部门

民政部门负责指导加强基层政权建设,推进社区建设。协助公安、司法部门抓好居(村)民委员会的治保组织、人民调解组织等群众自治组织建设,协助公安部门完善社区治安网络建设。

(6) 税务部门

税务部门负责出租房屋税收征管工作,必要时,可以根据有关税收法律法规的规定委托具备条件的暂住人口管理机构或房地产管理部门代征。

(7) 工商行政管理部门

工商行政管理部门负责查处利用出租房屋从事的违法经营活动，查处、取缔非法房屋中介机构。

最后，各部门之间要加强合作，房地产管理部门为出租房屋办理租赁登记备案证明后，应定期将有关情况通报给公安、工商、税务等部门；工商部门在办理工商营业执照、公安部门在办理暂住户口登记及暂住证时，对于生产、经营、居住场所为出租房屋的，应查验房地产管理部门出具的房屋租赁登记备案证明。对发现没有办理房屋租赁登记备案的，应将有关情况定期通报给房地产管理部门。

6.2 什么是房屋租赁登记备案制度？

房屋租赁登记备案制度，是指当事人签订、变更、终止房屋租赁合同的，应当向房屋所在地市、县人民政府房地产管理部门登记备案。该制度是房屋租赁法律关系中一个重要的组成部分，有关该制度的具体规定主要体现在以下法律、法规中：

《城市房地产管理法》第五十三条规定："房屋租赁，出租人和承租人应当签订书面租赁合同，约定租赁期限、租赁用途、租赁价格、修缮责任等条款，以及双方的其他权利和义务，并向房地产管理部门登记备案。"

《城市私有房屋管理条例》第十五条规定："租赁城市私有房屋，须由出租人和承租人签订租赁合同，明确双方的权利义务，并报房屋所在地房管机关备案。"

《城市房屋租赁管理办法》第十三条规定："房屋租赁实行登记备案制度。签订、变更、终止租赁合同的，当事人应当向房屋所在地市、县人民政府房地产管理部门登记备案。"

上述规定，都明确了房屋租赁必须办理登记备案手续，否则，法律不予以保护。这一制度主要为了防止非法出租房屋和避免国家税费的流失。但对于租赁双方当事人来说，只有这样，才能使得这一租赁关系获得法律的认可，以便在日后得到法律的保护,也为以后一旦出现纠纷提供了解决依据。

6.3 申领《房屋租赁证》需准备哪些材料?

申领房屋租赁证,须提供以下文件和证明材料:

(1) 房屋出租申请书。

(2) 房屋产权证明或者批准建房的合法文件和证明材料。

(3) 出租人是个人的,应当提交房主的居民身份证;出租人是单位的,应当提交单位的法人资格证明,单位不是法人的应当提交单位上级主管部门同意其出租房屋的证明。居住在国外的中国公民应当提交有效的中华人民共和国护照;香港、澳门的个人,应当提交港、澳居民往来内地通行证;台湾的个人,应当提交台湾居民来往大陆通行证;境外企业、其他组织,应当提交经公证或者认证的登记注册证明。

(4) 出租共有房屋的,应当提交其他共有人同意出租的证明书或者委托书。

(5) 出租委托代管房屋,应当提交委托代管人授权出租的证明及委托代理人的身份证明。

(6) 涉外的须有公安部门的批准书。

(7) 依照法律、法规、规章规定应当提交的其他有关文件和证明材料。

6.4 办理房屋租赁登记备案有哪几个步骤?

第一步:房屋租赁双方签订房屋租赁合同。

第二步:登记申请。在租赁合同签订后 30 日内,双方当事人持有关规定的文件到房屋所在地人民政府房地产管理部门办理登记备案手续。

第三步:主管部门对租赁合同进行审核。审核的内容主要包括:合同主体资格是否合格;出租的房屋是否在法律、法规允许出租的范围内;合同的内容是否齐全完备;租赁行为本身是否符合国家及房屋所在地人民政府的租赁政策;当事人是否已经缴纳了有关税费。

第四步：颁发《房屋租赁证》。房屋租赁申请经审查合格后，房屋所在地市、县房地产行政管理部门会向申请人颁发《房屋租赁证》，它是租赁行为合法有效的凭证。

第五步：资料归档。房屋租赁管理部门将办结的房屋租赁合同登记备案资料按照时间顺序进行整理，其中转租合同登记备案资料与原租赁合同登记备案资料需一并归档。

6.5 房屋租赁合同变更或者期满、解除的，也需备案吗？

当然需要。

出租人应当在30日内到房屋租赁登记管理机构办理变更登记或者注销登记手续。房屋租赁登记备案制度设立的初衷，就是为了方便管理部门管理所辖区的房产利用信息，防止有关违法行为和损害租赁双方权益行为的发生。如果租赁合同的内容发生了变更，不办理有关登记备案则意味着房地产管理部门的登记信息与实际租赁合同的信息出现了不一致。这不仅为行政部门的管理带来了障碍，同时也不方便社会上的第三人对有关信息进行查询，更不利于保护租赁双方的权益，使得登记备案制度形同虚设。

6.6 涉外房屋租赁的登记备案有什么特殊要求吗？

涉外房屋租赁，是指租赁当事人双方或一方是境外的单位或个人。这种房屋租赁合同由于至少有一方当事人是外国单位或者个人，对于社会经济秩序、国家形象和国家安全都有不小的影响。因此，许多地方法规对涉外房屋租赁合同的登记备案都作出了特殊的规定。以北京为例，依照北京市房屋土地管理局于1994年发布的《关于在全市范围内实行房屋租赁证制度及加强租赁登记备案工作的通知》的规定，属于涉外出租房屋的，应当向市房屋土地管理局房政处提出申请，经审核符合规定条件的，发给市房屋土地管理局统一印制的《房屋租赁证》，并加盖"涉外"印章,方可出租。另外,在申请办理涉外《房屋租赁证》之前,还必须得到公安机关的批准。只有持有批准书才可以办理《房屋租赁证》。最后,涉外租赁需到市房屋土地管理局办理登记备案,房屋租赁合同经审核登记备案后,在合同上加盖"登记备案"印章和"涉外"印章。

6.7 在办理房屋租赁登记备案时,手续费如何缴纳?

手续费是按年租金的2‰收取,租期不到一年的,按实际收取租金的2‰收取。手续费由租赁双方各负担一半。房屋租赁合同的一方当事人要求登记备案,另一方不予配合的,要求登记备案的一方当事人可以持租赁合同及自己一方应当提交的材料办理登记备案,房地产交易中心受理处应予受理。

6.8 来京人员租赁私房合同登记备案手续费如何缴纳?

对此问题,北京市财政局和物价局于2000年2月13日联合发布的《关于来京人员租赁私房合同登记备案手续费收费标准的通知》规定如下:

(1)住宅

租赁双方合同约定的建筑面积$50m^2$以下的每件100元, $51\sim100m^2$的每件200元,$101m^2$以上的每件500元。

(2)非住宅

租赁双方合同约定建筑面积$50m^2$以上的每件200元,$51\sim100m^2$的每件400元,$101m^2$以上的每件1000元。

6.9 违反租赁房屋登记备案制度,将受到哪些处罚?

凡违反租赁房屋登记备案制度规定的,由直辖市、市、县人民政府房地产管理部门对责任者给予行政处罚:

(1)伪造、涂改《房屋租赁证》的,注销其证书,并可处以罚款;

(2)不按期申报、领取《房屋租赁证》的,责令限期补办手续，并可处以罚款；

（3）未征得出租人同意和未办理登记备案手续，擅自转租房屋的，没收其非法所得，并可处以罚款。

6.10 办理房屋租赁合同公证有哪些好处？

房屋租赁合同公证，是指国家公证机关根据当事人的申请，依法证明私人房屋所有人将个人所有或数人共有的住宅或非住宅用房出租给承租人使用，承租人支付租金，并为此签订明确双方权利、义务的租赁合同行为的真实性、合法性的活动。

房屋租赁合同公证有如下好处：

（1）保护功能

通过公证活动，可以帮助和指导租赁双方合法订立合同，剔除纠纷隐患和不真实、不合法的因素，促进房屋租赁合同的履行。

（2）预防功能

房屋租赁合同经公证机构公证，有助于促进当事人依法履行，达到预防纠纷、减少诉讼的目的。

（3）保障功能

公证活动能够保证国家法律、法规和政策的正确实施，制止不法行为，帮助公民、法人解决租赁活动中遇到的法律问题，保护国家利益和公民、法人的合法权益。

（4）沟通、媒介功能

公证机构处于第三人的立场，与当事人之间没有直接的利害关系，公证书又具有真实、合法的特点，而且不受人员、语言、地域、行政隶属关系等左右，是国际国内通行可靠的法律文书。

6.11 怎样办理房屋租赁合同公证？

办理房屋租赁合同公证按以下步骤进行：

（1）填写《公证申请表》

办理私有房屋租赁合同公证时，当事人要填写《公证申请表》。

(2) 提交文件材料

出租方应提交的文件材料包括：居民身份证、户口簿、房屋所有权证及土地使用证；所出租的私有房屋如系共有财产（包括夫妻共有），应提交共有人同意出租的书面意见及委托书、租赁合同文本。

承租方应提交的材料包括：居民身份证、户口簿，无本市城镇常住户口的个体工商户需承租城市私有房屋的，应提交本市工商行政管理机关同意进城经营的证明；所使用的房屋坐落在市区的，需提交承租单位主管局和市房地产管理局的批准证件；所租用的房屋坐落在郊区县的，需提交当地区、县人民政府的批准文件。

(3) 查验、审核

在上述证件齐备并符合有关规定之后，公证部门还要查验所提交的证件、材料是否属实、完整，当事人是否具有完全的民事行为能力，私有房屋租赁合同是否合法等。

(4) 制作并发放公证书

承办公证员对上述内容经过审查，如果认为该房屋租赁合同内容真实、合法，没有违反有关法律、法规的规定，应当及时草拟出公证书，连同卷宗报公证部门主任、副主任或指定的公证员审批。除法律另有规定外，公证书从审批之日起生效。公证部门应当制作公证书正本和副本若干发给当事人。

6.12 房屋出租人有哪些治安责任？

根据《租赁房屋治安管理规定》，房屋出租人的治安责任是：

(1) 不准将房屋出租给无合法有效证件的承租人；

(2) 与承租人签订租赁合同，承租人是外来暂住人员的，应当带领其到公安派出所申报暂住户口登记，并办理暂住证；

(3) 对承租人的姓名、性别、年龄、常住户口所在地、职业或者主要经济来源、服务处所等基本情况进行登记并向公安派出

所备案;

(4) 发现承租人有违法犯罪活动或者有违法犯罪嫌疑的,应当及时报告公安机关;

(5) 对出租的房屋经常进行安全检查,及时发现和排除不安全隐患,保障承租人的居住安全;

(6) 房屋停止租赁的,应当到公安派出所办理注销手续;

(7) 房屋出租单位或者个人委托代理人管理出租房屋的,代理人必须遵守有关规定,承担相应责任。

6.13 房屋承租人有哪些治安责任?

根据《租赁房屋治安管理规定》,房屋承租人的治安责任是:

(1) 必须持有本人居民身份证或者其他合法身份证件;

(2) 租赁房屋的外来暂住人员,必须按户口管理规定,在三日内到公安派出所申报暂住户口登记;

(3) 将承租房屋转租或者转借他人的,应当向当地公安派出所申报备案;

(4) 安全使用出租房屋,发现承租房屋有不安全隐患,应当及时告知出租人予以消除;

(5) 承租的房屋不准用于生产、储存、经营易燃、易爆、有毒等危险物品;

(6) 集体承租或者单位承租房屋的,应当建立安全管理制度。

6.14 拒不承担治安责任的,会受到哪些处罚?

(1) 出租人未向公安机关办理登记手续或者未签订治安责任保证书出租房屋的,责令限期补办手续并没收非法所得,情节严重的可以并处月租金五倍以下的罚款。

(2) 出租人将房屋出租给无身份证件的人居住的,或者不按规定登记承租人姓名、身份证件种类和号码的,处 200 元以上 500 元以下罚款。

(3) 出租人不履行治安责任，发现承租人利用所租房屋进行违法犯罪活动或者有违法犯罪嫌疑不制止、不报告，或者发生案件、治安灾害事故的，责令停止出租，可以并处月租金10倍以下的罚款。

(4) 承租人将承租房屋转租、转借他人未按规定报告公安机关的，处以警告，没收非法所得。

(5) 承租人利用出租房屋非法生产、储存、经营易燃、易爆、有毒等危险物品的，没收物品，处月租金10倍以下罚款。出租人明知承租人违反爆炸、剧毒、易燃、放射性等危险物品管理规定，利用出租房屋生产、销售、储存、使用危险物品，不及时制止、报告，尚未造成严重后果的，由公安部门责令停止出租，可以并处月租金十倍以下的罚款。情节严重、性质恶劣、造成严重后果构成犯罪的，依照《中华人民共和国刑法》第一百三十六条的规定追究刑事责任。

(6) 对出租或承租的单位违反规定的，由县（市）公安局或者城市公安分局予以处罚，同时对单位的主管负责人或者直接责任人处以月工资两倍以下的罚款。

被处罚人和单位对依照《租赁房屋治安管理规定》作出的处罚决定不服的，可以依照《行政复议条例》的有关规定向上一级公安机关申请复议。复议期间，不停止处罚决定的执行。

6.15 还有哪些与房屋租赁相关的违法犯罪行为需警惕？

房屋租赁决不是出租人的"私事"，更不能惟利是图，收租即可，一不小心，有可能触犯法律，甚至承担刑事责任。

《中华人民共和国治安管理处罚法》明确规定，房屋出租人明知承租人利用出租房屋进行犯罪活动，不向公安机关报告的，处200元以上500元以下罚款；情节严重的，处5日以下拘留，可以并处500元以下罚款。下列行为，视其不同情况予以处罚。

(1) 明知是赃物而窝藏的，由公安部门处5日以上10日以下拘留，并处200元以上500元以下罚款。构成犯罪的，依照

《中华人民共和国刑法》的规定处 3 年以下有期徒刑、拘役或者管制，并处或者单处罚金。

（2）介绍或者容留卖淫的，由公安部门处 10 日以上 15 日以下拘留，可以并处 5000 元以下罚款；情节较轻的，处 5 日以下拘留或者 500 元以下罚款。构成犯罪的，依照《中华人民共和国刑法》的规定处 5 年以下有期徒刑、拘役或者管制，并处罚金；情节严重的，处 5 年以上有期徒刑，并处罚金。

（3）为他人进行赌博活动提供出租房屋的，由公安部门处 5 日以下拘留或者 500 元以下罚款；情节严重的，处 10 日以上 15 日以下拘留，并处 500 元以上 3000 元以下罚款。构成犯罪的，依照《中华人民共和国刑法》的规定处 3 年以下有期徒刑、拘役或者管制，并处罚金。

（4）为他人制作、贩卖淫秽图书、光盘或者其他淫秽物品提供出租房屋的，由公安部门处 10 日以上 15 日以下拘留，并处 500 元以上 1000 元以下罚款。构成犯罪的，依照《中华人民共和国刑法》的规定处 3 年以下有期徒刑、拘役或者管制，并处罚金；情节严重的，处 3 年以上 10 年以下有期徒刑，并处罚金；情节特别严重的，处 10 年以上有期徒刑或者无期徒刑，并处罚金或者没收财产。

（5）明知是有犯罪行为的人而为其提供出租房屋，帮助其逃避或者为其作假证明的，由公安部门依照《中华人民共和国刑法》的规定处 3 年以下有期徒刑、拘役或者管制；情节严重的，处 3 年以上 10 年以下有期徒刑。

6.16　强行将法律规定禁止出租的房屋出租的，会受到哪些处罚？

具有以下情形的，由相关行政主管部门对出租人给予行政处罚：

（1）出租人出租的房屋属于违章建筑的，由城管和规划部门依照当地对于违章建筑的具体规定予以查处；

（2）出租人出租的房屋属于危险房屋的，由房地产行政主管部门依照各地房屋修缮管理规定予以处罚；

（3）出租人出租的房屋不符合消防标准的，或违反消防安全规定，占用防火间距的，由公安机关依照《中华人民共和国消防法》处罚。其中有重大火灾隐患，经公安机关通知不加改正的，由公安机关依照《中华人民共和国治安管理处罚法》的规定予以处罚。

6.17 房屋租赁的当事人对住宅室内进行装饰装修活动，哪些行为是被禁止的？

根据《住宅室内装饰装修管理办法》，对住宅室内进行装饰装修活动，禁止从事下列行为：

（1）未经原设计单位或者具有相应资质等级的设计单位提出设计方案，变动建筑主体和承重结构。建筑主体，是指建筑实体的结构构造，包括屋盖、楼盖、梁、柱、支撑、墙体、连接接点和基础等；承重结构，是指直接将本身自重与各种外加作用力系统地传递给基础地基的主要结构构件和其连接接点，包括承重墙体、立杆、柱、框架柱、支墩、楼板、梁、屋架、悬索等。

（2）将没有防水要求的房间或者阳台改为卫生间、厨房间。

（3）扩大承重墙上原有的门窗尺寸，拆除连接阳台的砖、混凝土墙体。

（4）损坏房屋原有节能设施，降低节能效果。

（5）其他影响建筑结构和使用安全的行为。

此外，装修人从事住宅室内装饰装修活动，未经批准，不得有下列行为：

（1）搭建建筑物、构筑物；

（2）改变住宅外立面，在非承重外墙上开门、窗；

（3）拆改供暖管道和设施；

（4）拆改燃气管道和设施。

其中第（1）项、第（2）项行为，应当经城市规划行政主管部门批准；第(3)项行为，应当经供暖管理单位批准；第(4)项行为应当经燃气管理单位批准。

6.18 违规装修会受到哪些处罚？

(1) 住宅室内装饰装修活动有下列行为之一的，由城市房地产行政主管部门责令改正，并处罚款：①将没有防水要求的房间或者阳台改为卫生间、厨房间的，或者拆除连接阳台的砖、混凝土墙体的，对装修人处 500 元以上 1000 元以下的罚款，对装饰装修企业处 1000 元以上 1 万元以下的罚款；②损坏房屋原有节能设施或者降低节能效果的，对装饰装修企业处 1000 元以上 5000 元以下的罚款；③擅自拆改供暖、燃气管道和设施的，对装修人处 500 元以上 1000 元以下的罚款；④未经原设计单位或者具有相应资质等级的设计单位提出设计方案，擅自超过设计标准或者规范增加楼面荷载的，对装修人处 500 元以上 1000 元以下的罚款，对装饰装修企业处 1000 元以上 1 万元以下的罚款。

(2) 装修人因住宅室内装饰装修活动侵占公共空间，对公共部位和设施造成损害的，由城市房地产行政主管部门责令改正，造成损失的，依法承担赔偿责任。

(3) 装修人未申报登记进行住宅室内装饰装修活动的，由城市房地产行政主管部门责令改正，处 500 元以上 1000 元以下的罚款。

(4) 装修人违反《住宅室内装饰装修管理办法》规定，将住宅室内装饰装修工程委托给不具有相应资质等级企业的，由城市房地产行政主管部门责令改正，处 500 元以上 1000 元以下的罚款。

(5) 装饰装修企业自行采购或者向装修人推荐使用不符合国家标准的装饰装修材料，造成空气污染超标的，由城市房地产行政主管部门责令改正，造成损失的，依法承担赔偿责任。

6.19 装修相关的单位与个人，需注意哪些法律问题？

(1) 未经城市规划行政主管部门批准，在住宅室内装饰装活动中搭建建筑物、构筑物的，或者擅自改变住宅外立面、在非承重外墙上开门、窗的，由城市规划行政主管部门按照《城市规划法》及相关法规的规定处罚。

(2) 装修人或者装饰装修企业违反《建设工程质量管理条例》的，由建设行政主管部门按照有关规定处罚。

(3) 装饰装修企业违反国家有关安全生产规定和安全生产技术规程，不按照规定采取必要的安全防护和消防措施，擅自动明火作业和进行焊接作业的，或者对建筑安全事故隐患不采取措施予以消除的，由建设行政主管部门责令改正，并处1000元以上1万元以下的罚款；情节严重的，责令停业整顿，并处1万元以上3万元以下的罚款；造成重大安全事故的，降低资质等级或者吊销资质证书。

(4) 物业管理单位发现装修人或者装饰装修企业有违反《住宅室内装饰装修管理办法》规定的行为不及时向有关部门报告的，由房地产行政主管部门给予警告，可处装饰装修管理服务协议约定的装饰装修管理服务费2～3倍的罚款。

(5) 有关部门的工作人员接到物业管理单位对装修人或者装饰装修企业违法行为的报告后，未及时处理，玩忽职守的，依法给予行政处分。

6.20　廉租住房申请人对审核结果、轮候结果、配租结果有异议的，怎么办？

根据《城镇最低收入家庭廉租住房管理办法》，廉租住房申请人对房地产行政主管部门的审核结果、轮候结果、配租结果有异议的，可以向本级人民政府或者上一级房地产行政主管部门申诉。

6.21　出现什么情况时，房地产行政主管部门可以取消城镇廉租住房保障资格？

根据《城镇最低收入家庭廉租住房管理办法》和《城镇最

低收入家庭廉租住房申请、审核及退出管理办法》规定,有下列行为之一的,由房地产行政主管部门收回享受廉租住房保障的家庭承租的廉租住房,或者停止发放租赁补贴,或者停止租金核减:

(1) 未如实申报家庭收入、家庭人口及住房状况的;

(2) 家庭人均收入连续一年以上超出当地廉租住房政策确定的收入标准的;

(3) 因家庭人数减少或住房面积增加,人均住房面积超出当地廉租住房政策确定的住房标准的;

(4) 擅自改变房屋用途的;

(5) 将承租的廉租住房转借、转租的;

(6) 连续六个月以上未在廉租住房居住的。

6.22 申请廉租住房时违反规定,会有什么处罚?

根据《城镇最低收入家庭廉租住房管理办法》,最低收入家庭申请廉租住房时违反本规定,不如实申报家庭收入、家庭人口及住房状况的,由房地产行政主管部门取消其申请资格;已骗取廉租住房保障的,责令其退还已领取的租赁住房补贴,或者退出廉租住房并补交市场平均租金与廉租房标准租金的差额,或者补交核减的租金,情节恶劣的,并可处以1000元以下的罚款。

6.23 哪些行为,由市容环境卫生行政主管部门给予处罚?

根据《城市生活垃圾管理办法》规定,有下列行为之一的,由城市市容环境卫生行政主管部门分别给予警告、责令其限期改正、赔偿经济损失,并处以罚款:

(1) 未经城市市容环境卫生行政主管部门批准,从事城市生活垃圾经营性清扫、收集、运输、处理等服务的;

(2) 将有害废弃物混入生活垃圾中的;

(3) 不按当地规定地点、时间和其他要求任意倾倒垃圾的;

(4) 影响存放垃圾的设施、容器周围环境整洁的；
(5) 随意拆除、损坏垃圾收集容器、处理设施的；
(6) 垃圾运输车辆不加封闭，沿途扬、撒、遗漏的；
(7) 违反本办法其他行为的。

任何单位和个人都有义务遵守《城市生活垃圾管理办法》，并有权对违反本办法的行为进行制止、检举和控告。违反该办法，同时违反治安管理处罚规定的，由公安机关依照《中华人民共和国治安管理处罚法》的规定处罚；构成犯罪的，由司法机关依法追究刑事责任。

当事人对行政处罚决定不服的，可以依照《中华人民共和国行政诉讼法》和《中华人民共和国行政复议条例》的有关规定，申请行政复议或者提起诉讼。当事人逾期不申请复议或者不向人民法院起诉又不履行处罚决定的，作出处罚决定的机关可以申请人民法院强制执行，或者依法强制执行。

6.24 房屋租赁中的纳税人是谁？

按现行税法规定，出租房屋的纳税人应为房屋的产权所有人。但由于相当一部分纳税人的纳税意识淡薄，采取种种手段逃避纳税，给税收征管工作带来很大难度。很多税务机关在对个人出租房屋进行纳税检查时，只能找到承租人，要想找到出租人则难上加难。因此，根据《国家税务总局关于加强对出租房屋房产税征收管理的通知》规定，对在清理检查中找不到出租人的，可规定承租人为房产税的代扣代缴义务人；对不能提供租赁合同或不能据实提供租金收入情况的，税务机关可根据当地情况核定不同区域房屋出租的租金标准，据以征收房产税；对代征单位和个人，各地可依照有关规定、结合当地情况确定并支付代征手续费。

承租人在纳税之后，可以要求出租人偿还，或者从房租中抵扣。因此，承租人大可放宽心，不要以为收到《纳税通知书》就得自己交税了。

6.25 出租人纳税有什么特殊规定吗?

有特殊规定。

（1）对按政府规定价格出租的公有住房和廉租住房，包括企业和自收自支事业单位向职工出租的单位自有住房；房管部门向居民出租的公有住房；落实私房政策中带户发还产权并以政府规定租金标准向居民出租的私有住房等，暂免征收房产税、营业税。

（2）对个人按市场价格出租的居民住房，其应缴纳的营业税暂减按3%的税率征收，房产税暂减按4%的税率征收。

（3）对个人出租房屋取得的所得暂减按10%的税率征收个人所得税。

6.26 个人出租房屋，需要缴纳哪些税费?

（1）房产税，按租金的4%。

（2）营业税，按租金的3%。

（3）个人所得税，租金不超过4000元的，按（租金－已纳税金－800元）的10%；租金超过4000元（含4000元）的，按（租金－已纳税金）×（1－20%）×10%。

（4）教育附加费，按营业税的3%。

（5）城市建设维护税，按营业税的1%。

（6）印花税，按租金的0.1%。

（7）房屋租赁管理费，按租金的2%。

6.27 外籍人士如将位于中国的房屋出租，需如何纳税?

与具有本市户口的私有房屋租赁、已购公房出租要缴纳的7种税费相比，外籍个人、华侨和港澳台人士出租房屋不必缴纳房产税、城建税、土地使用税与教育费附加，应缴纳的4种税为城市房地产税、营业税、个人所得税与印花税。

（1）城市房地产税

城市房地产税,应以其房产原值为计税依据缴纳城市房地产税。

应纳税额=房产原值×1.2%×(1-30%)。

(2) 营业税

营业税,按房屋租金收入的3%缴纳营业税,月租金在800元以下的免征营业税。

(3) 个人所得税

租金不超过4000元的,按(租金-已纳税金-800元)的10%;租金超过4000元(含4000元)的,按(租金-已纳税金)×(1-20%)×10%。

同时,除可依法减除规定费用和税、费外,还准予扣除能够提供有效、准确凭证,证明由纳税义务人负担的该房屋的实际开支的修缮费用。允许扣除的修缮费用,以每次800元为限,一次扣除不完的,准予在下一次继续扣除,直至扣完为止。

(4) 印花税

承租方用于经营的,租赁双方应在合同签订时按租金金额千分之一贴花,不足千元的按1元贴花。承租方用于个人居住的免缴印花税。

6.28 北京市对房屋租赁税费征收有什么特殊规定?

根据《中华人民共和国房产税暂行条例》规定,可由省、自治区、直辖市人民政府确定,定期减征或者免征房产税。另外,关于房屋租赁税费的征收,各地政府多有特殊规定。因此,纳税前向当地地税部门咨询还是必要的。以北京为例,根据《北京市个人出租房屋税收征收管理办法》,对房屋租赁税费征收做出了以下调整:

(1) 取消了对外籍人士的特殊对待

个人,含外籍个人、华侨、港澳台同胞,在北京市范围内出租房屋而发生的应税行为,均适用《北京市个人出租房屋税收征收管理办法》。

(2) 多个税费合并征收

个人出租房屋并取得收入，依法应分别申报缴纳以下税费：营业税、城市维护建设税、教育费附加、房产税、城镇土地使用税、城市房地产税、印花税。对个人出租房屋应征收的各项税费应按规定计算。为便利征收，降低税收成本，也可采取按每一百元应税收入含五元的税额的负担水平统一计算应纳税额，即按实际收入的5%计征。

对于个人转租或再转租以及非房产税、城镇土地使用税征收范围的个人出租房屋取得的收入，按实际收入的2.5%计征。

6.29 企业出租房屋的，缴纳的税费如何计算？

(1) 房产税，按租金的12%，按年度缴纳；
(2) 营业税，按租金的5%；
(3) 教育附加费，按营业税的3%；
(4) 城市建设维护税，按营业税的1%；
(5) 印花税，按租金的0.1%；
(6) 房屋租赁管理费，按租金的2%；
(7) 属行政划拨、减免地价款的房屋出租人，根据《中华人民共和国城市房地产管理法》的规定，以营利为目的，房屋所有权人将以划拨方式取得使用权的国有土地上建成的房屋出租的，应当将租金中所含土地收益上缴国家。因此，需按租金的6%补缴地价款。

6.30 行政机关、事业单位、社会团体出租房屋的，缴纳的税费如何计算？

(1) 房产税，按(房产原值×70%)的1.2%，按年度缴纳；
(2) 营业税，按租金的5%；
(3) 企业所得税，按(租金－已纳税金－费用)的15%；
(4) 教育附加费，按营业税的3%；
(5) 城市建设维护税，按营业税的1%；

(6) 印花税，按租金的 0.1%；

(7) 房屋租赁管理费，按租金的 2%。

6.31 如果是外国企业出租中国境内房屋、建筑物的，应如何纳税？

外国企业出租位于中国境内房屋、建筑物等不动产，凡在中国境内没有设立机构、场所进行日常管理的，对其所取得的租金收入，应按《中华人民共和国营业税暂行条例》的有关规定缴纳营业税，并按《中华人民共和国外商投资企业和外国企业所得税法》第十九条的规定，在扣除上述缴纳的营业税税款后，计算征收企业所得税。上述营业税和企业所得税由承租人在每次支付租金时代扣代缴。如果承租人不是中国境内企业、机构或者不是在中国境内居住的个人，税务机关也可责成出租人，按法律规定的期限自行申报缴纳上述税款。

外国企业出租位于中国境内房屋、建筑物等不动产，凡委派人员在中国境内对其不动产进行日常管理的；或者上述出租人属于非协定国家居民公司，委托中国境内其他单位或个人对其不动产进行日常管理的；或者上述出租人属于协定国家居民公司，委托中国境内属于非独立代理人的单位或个人对其不动产进行日常管理的，其取得的租金收入，根据《中华人民共和国营业税暂行条例》和《中华人民共和国外商投资企业和外国企业所得税法》的有关规定，应按在中国境内设有机构、场所征收营业税和企业所得税。

6.32 房屋租赁指导租金是租金管制吗？

租金管制就是规定一个房东向房客索要租金的最高限额，此最高限额低于完全竞争市场的均衡价格，把高于此限额水平的租金视为非法。而房屋租赁指导租金是由政府主管部门根据市场租金价格水平，按照一定的调控方向和调控目标制定的房屋租赁指导价格。对比二者，不难发现，前者具有强制性，因而能够直接影响房地产市场；而后者只具有指导性，对市场的影响是间接的，不能等同对待。

与其他商品指导价格相比，房屋租赁指导租金与其有很多共性，也有一些自身的特殊性。在共性方面：一是要以市场价格为基础。如果脱离了市场，就会成为无本之木，起不到任何作用。二是对市场价格只起间接引导作用。指导租金不是限制价格，也不是标准价格，市场租金可以根据指导租金上下浮动，甚至较大幅度地浮动。三是要引导市场健康发展。政府通过指导租金提供市场价格信号，使投资和租赁行为理性化，促使市场在供求关系的矛盾中实现相对的平衡，从而维护社会公正、减少租赁纠纷、避免房地产资源的浪费。我国北京、上海、天津、深圳等城市都设立了房屋租赁指导租金制度，由市主管机关定期公布一次指导租金。

6.33 房屋租赁指导租金有什么作用？

(1) 有利于稳定房地产二级市场价格

在没有指导租金的情况下，市场租赁价格是盲目变动的，基本上无章可循。有了指导租金，市场就有了参照的标准，租赁双方协商租金就有了可资借鉴的依据，从而起到稳定房地产二级市场价格的作用。

(2) 有利于保护租赁双方的合法权益

由于租赁合同一般期限都比较长，在合同执行期间，一旦租赁当事人遇到什么情况或租赁市场出现大的变化，如果没有指导租金，双方的合法权益就得不到保护；有了指导租金，就可以在此范围内来协商解决。

(3) 有利于调解房屋租赁纠纷

在房屋租赁市场中，租赁纠纷经常发生。其中有很大一部分是由租金问题引发的。一旦发生租赁纠纷，如果有指导租金作依据，就可以比较容易地化解矛盾、公正合理地处理纠纷。

(4) 有利于加强私房出租税收的征管

有了房屋租赁指导租金，以它作为计算纳税的基数，从而防止税源的流失。

(5) 有利于稳定商品市场

如果市场租金过高，商家势必会抬高商品价格，向消费者转嫁负担。通过实行指导租金，则可以平抑市场租金，避免商品价格出现大的上涨。

第 7 章

房屋租赁纠纷的处理

房屋租赁市场快速发展的同时,租赁方面的纠纷亦随之增多。不少纠纷涉及面广,法律关系复杂,不仅加重了行政机关和司法部门的工作量,也对当事人的权益构成了严重威胁。因此,对待房屋租赁纠纷,要秉承预防优先、协调处理的原则,争取快速、高效、平和地解决问题。同时,有关职能部门要加强合作与配合,从不同角度履行好各自的职责,减少租赁纠纷的发生。通过对本章的学习,租赁双方及相关当事人可以通过对纠纷的类型以及不同处理方式、程序的了解,选择最为合理的处理方式,争取用尽可能小的成本,最大程度地保护自己的合法权益。

7.1 房屋租赁纠纷主要有哪些类型?

目前的房屋租赁纠纷,主要有以下六种类型:

(1) 承租人不履行合同,长期拖欠租金

这类纠纷是目前房屋租赁纠纷的主要表现形式。特别是企业和个人利用租赁房屋进行生产、经营、办公的,一旦承租人经营不善、周转不灵,随之发生的就是欠租金和因欠租金而产生的大量房屋租赁纠纷。

(2) 未经有关部门批准,擅自改变房屋使用功能而发生的

纠纷

这类纠纷在近年的房屋租赁中为数不少。如未经审批及业主同意,承租人擅自将厂房转为商业用途,或业主擅自将住宅转为商业用途出租等。这类房屋进入租赁市场后,极易发生租赁纠纷。

(3) 为逃避管理和偷逃税、费而变相出租房屋发生的租赁纠纷

一些业主为了不交管理费和租赁税,便和承租人串通,假以合同、联营、承包甚至借住的名义变相出租房屋,结果有的承租人假戏真做,不但不交房租,反而要出租人承担相应的经营责任风险,从而导致双方发生租赁纠纷。由于当事人规避管理和法律,发生纠纷后,往往因其行为的违法性致使合同无效,从而得不到法律的有效保护。

(4) 专业市场欠租金户联手拒交租金而发生租赁纠纷

一些经营亏本或获利较少的承租人,为了少交或不交租金,联络多个承租人以各种借口拒交租金,进而转移其经营风险。而且如果出租人处理方法欠妥或所出租的房屋在产权、质量、用途等方面存在瑕疵的话,就极易发生多米诺骨牌效应,引起市场所有承租人拒交租金甚至索赔损失的事件发生。

(5) 不签订书面合同,或合同不规范,主要内容不完备,双方权利义务不明确而发生租赁纠纷

由于租赁双方缺乏法律知识,或怕麻烦、图简便,于是便给未来的纠纷埋下了种子。

(6) 房屋租赁期间出售的优先权纠纷、转租纠纷以及租赁合同未经登记致使承租人不能对抗第三人的纠纷等。

7.2 房屋租赁纠纷处理的依据有哪些?

房屋租赁纠纷处理的依据是指人民法院、仲裁机构、有关行政机关及其他组织或个人对房屋租赁纠纷进行处理时所应适用的有关法律法规、政策规范和自治规范。一般来讲,房屋租赁纠纷

处理的依据主要包括以下几种：

(1) 房屋租赁合同

房屋租赁合同包括了租赁项目、数量、用途、租赁期限、租金及其支付期限和方式、租赁物维修、违约情形、违约责任、解决争议的方式等内容，是体现房屋租赁各方当事人权利义务的基本依据，也是有关部门、组织或个人处理房屋租赁纠纷的首要的依据。

(2) 法律

《中华人民共和国合同法》，该法第十三章对租赁合同做出了明确的规定。房屋租赁合同是租赁合同的一种，租赁合同的一般性规定全部适用于房屋租赁合同。

《中华人民共和国城市房地产管理法》，该法第四章对城市房屋租赁的含义、城市房屋租赁合同的形式与内容、城市房屋租赁的类型、租金等做出了专门规定。

(3) 行政法规

《城市私有房屋管理条例》，该条例第四章对城市私有房屋租赁做出了专门规定，内容包括租赁合同的形式与内容、租金的确定、承租人互换房屋的处理、出租人与承租人对租赁房屋及其设备的共同使用、租赁房屋的修缮、租赁合同的终止与解除、承租人的主体资格等。

《城市房屋拆迁管理条例》，该条例对城市房屋拆迁过程中，拆迁房屋承租人的权利义务以及被拆迁人（出租人）与承租人的关系做出了明确规定。

(4) 规章

《城市房屋租赁管理办法》，该办法对城市房屋租赁的原则、租赁合同、租赁登记、当事人的权利义务、转租、相关法律责任等做出了较为系统的规定。

《城镇最低收入家庭廉租住房管理办法》和《城镇最低收入家庭廉租住房申请、审核及退出管理办法》这两个办法对城镇廉租住房的来源、管理、租金标准、承租程序、承租人的权利义务等做出了明确规定。

《关于加强房地产交易市场管理的通知》中对有限产权房屋的出租作了禁止性规定，并对承租人转让、转租房屋或者与第三人联营使用房屋做出了规定。

《城市危险房屋管理规定》对城市危险房屋的租赁做出了规定。

（5）地方性法规

地方性法规是地方行政机关进行行政管理的重要依据，也是有关部门、组织或个人对在其辖区内的房屋租赁纠纷进行处理的重要依据。随着租赁市场的发展，各地都根据本地区的实际情况，作出了相关规定，在此不一一列举。

（6）司法解释

最高人民法院《关于贯彻执行〈中华人民共和国民法通则〉若干问题的意见(试行)》对房屋租赁中承租人优先购买权、共同居住人的继续租赁权、租赁权对抗所有权变动的效力、出租人的收回权等做出了明确的规定。

最高人民法院《关于审理离婚案件中公房使用、承租若干问题的解答》对当事人诉请离婚时双方就公房使用、承租问题发生纠纷的案件管辖权，离婚后共同居住的公房的使用、承租、未承租方的补偿等问题做出了明确的解答。

7.3 通过协商解决房屋租赁纠纷有哪些利弊？

协商是房屋租赁纠纷双方当事人之间本着互谅互让的态度和实事求是的精神，按照有关法律法规的直接规定，就有关纠纷直接进行磋商或谈判，自行达成协议从而解决纠纷的一种方式。协商既需要当事人据理力争，又需要适当退让；既要双方取得共识，又要承认对方合理利益的界限。协商无须第三者参与斡旋、调停、仲裁或裁判。这种方式简便易行，省时、省力、省钱，是一种理想的纠纷解决方式，其关键是在运用过程中要注意合法性和自愿性。单纯的双方当事人之间的协商属于典型的"私了"，通过协商"私了"是有条件的,在条件不具备时,往往难以达成合意,且通过自行和解达成的协议并不具有法律上的强制执行力,约束力不足,因此具有很大的不确定性,当事人也不能向人民法院申请强制执行。

7.4 什么叫做房屋租赁纠纷的调解?

调解是指房屋租赁纠纷当事人在不能协商解决纠纷时,根据一方当事人的申请,在人民调解委员会或其他第三方的主持和协调下,以国家法律、法规、规章以及社会公德为依据,通过劝说引导,使房屋租赁纠纷双方当事人在互谅互让的基础上自愿进行协商,或者经协商自愿达成协议从而解决房屋租赁纠纷的一种方式。在自愿达成协议的角度来讲,可以把调解看成是协商的延伸,二者的主要区别在于是否存在中立第三方,即调节人的参与。广义上的民间调解主要包括人民调解委员会调解、律师调解、当事人请调解人调解等;狭义上的民间调解仅指人民调解委员会对房屋租赁纠纷进行的调解,具有浓厚的民间性质。房屋租赁纠纷双方当事人能够在自愿、平等、友好的基础上查清事实、分清责任、达成协议,应该说这也是双方当事人解决房屋租赁纠纷的一种理想方式。

7.5 房屋租赁纠纷调解应遵循哪几个原则?

(1) 自愿原则

自愿原则是调解的首要的基本原则。调解的启动和调解协议的最终达成,其前提条件就是纠纷双方当事人的自愿。该原则说明房屋租赁纠纷的调解具有合意性质,同时自愿原则是使调解协议具有正当性及发生效力的依据所在。当然,自愿原则也意味着当无法达成调解协议或虽达成调解协议但一方当事人不愿履行时,另一方当事人仍享有以其他方式(如仲裁、诉讼、行政调处等)解决房屋租赁纠纷的权利。

(2) 公平与平等原则

所谓公平，是指调解人在对房屋租赁纠纷进行调解时，应当依据法律、法规、规章和社会公认的公平观念确定各自的权利义务，以维持双方当事人之间的利益均衡。所谓平等，是指纠纷双方具有独立、平等的法律人格，在调解活动中各自能独立地表达自己的意志，其合法权益平等地受到法律保护，任何一方都不得把自己的意志强加给对方。

（3）协议内容不得违反法律和公序良俗原则

当事人所达成的调解协议的内容不得违反法律法规的强制性规定，不得损害国家、集体、社会的利益和他人的合法权益，也不得违反社会公德。

调解不具有法律效力。调解结束后，当事人一方如不履行调解协议，另一方当事人不得请求人民法院强制执行，而是可以采取其他方式（如仲裁、诉讼、行政调处等）解决房屋租赁纠纷。

7.6 什么叫做房屋租赁纠纷的行政调处？

房屋租赁纠纷的行政调处是指法定的行政机关按照有关法律、法规规定，对特定的房屋租赁纠纷先行调解和处理的纠纷解决方式。行政调处是解决房屋租赁纠纷的重要途径之一，它具有专业性、权威性强及效率高、成本低等优点。行政机关或部门对本地房屋租赁行业的情况最熟悉，掌握租赁双方的基本情况和有关资料，便于及时查明纠纷事实，做出妥善处理，以维护国家、集体和当事人的合法权益。房屋租赁纠纷行政调处的形式多样，主要包括行政调解、行政裁决和行政复议等。房屋租赁纠纷的行政裁决或行政决定是由房屋所在地的区、县房地产行政主管部门做出的；当事人一方或双方对该行政裁决或行政决定不服的，可以向上一级房地产行政主管部门申请行政复议。

7.7 行政调解的原则是什么？

房屋租赁纠纷的行政调解是指在特定的国家行政机关主持和协调下对当事人之间的房屋租赁纠纷进行的调解，具有行政性质。与民间调解相比，它具有依靠专家判断、对纠纷当事人有权威性和影响力、效率高、成本低以及可以在纠纷解决过程中积累政策经验等优势。

房屋租赁纠纷的行政调解应遵循以下原则：

(1) 公平原则

即负责行政调解的行政机关，必须坚持公正的立场，秉公处理房屋租赁纠纷。

(2) 合理原则

即调解活动要从实际出发，实事求是地对待发生的房屋租赁纠纷，坚持调查研究，说服教育，以理服人。

(3) 自愿原则

即进行房屋租赁纠纷行政调解时，要尊重当事人的意愿，不同意调解的，应当及时指导、督促他们进行仲裁或诉讼。

(4) 合法原则

即负责房屋租赁纠纷行政调解的行政机关要充分运用法律、行政法规的相关规定，依法调解。不能充当"和事佬"，无原则地"抹稀泥"。调解成功后应该制作和解协议，和解协议的内容也不得违反法律、法规的强制性规定。

房屋租赁纠纷行政调解的程序如下：一般应先由房屋租赁纠纷一方或双方当事人递交书面申请，纠纷简单或当事人要求紧急的，也可由当事人口述，调解人员做笔录代替申请书。通知对方当事人参加调解，可以书面通知，也可以采取电话通知等形式。调解达成协议，可以制作行政调解书（有的也可以不制作），由双方当事人在调解笔录上签名，以备存案。

7.8 通过行政裁决来解决房屋租赁纠纷有哪些特点？

房屋租赁纠纷的行政裁决是指行政机关依照法律、法规的授权，对当事人之间发生的、与行政管理活动密切相关的、与合同无关的房屋租赁纠纷进行审查，并做出裁决的具体行政行为。它具有以下几个特点：

(1) 行政裁决的前提是双方当事人之间发生了与行政管理活动密切相关的房屋租赁纠纷。

(2) 行政裁决的主体是法律、法规授权的行政机关。没有法律、法规的授权，任何行政机关不能成为行政裁决的主体。

(3) 行政裁决依房屋租赁纠纷当事人一方或双方的申请才能开始。

(4) 行政裁决具有法律效力。行政裁决权是行政权的一种，无论房屋租赁纠纷当事人是否同意或承认，都不影响行政裁决的成立和其所具有的法律效力。

在受理房屋租赁纠纷后，当调解不成或者达成调解协议后一方或双方拒绝履行的，房地产行政主管部门应当及时做出行政决定或裁决。当事人一方或双方对行政决定或行政裁决不服的，可根据相关法律规定在收到决定书或者裁决书之日起 60 日内向上一级房地产行政主管部门申请复议或者向人民法院提起诉讼。期满不申请行政复议也不起诉的，行政决定书或裁决书即发生法律效力，双方当事人必须履行，当事人一方拒绝履行的，对方当事人可以申请人民法院强制执行。

7.9 房屋租赁纠纷中，当事人如果对行政行为不服的，如何进行行政复议？

房屋租赁纠纷的行政复议，是指当事人认为行政机关的具体行政行为侵犯了他的合法权益，依法向行政复议机关提出复查该具体行政行为的申请，行政复议机关需依照法定程序对被申请复议的具体行政行为进行合法、适当性审查，并做出决定。

房屋租赁纠纷当事人认为具体行政行为侵犯其合法权益的，可以自知道该具体行政行为之日起 60 日内向上一级房地产行政主管部门提出行政复议申请。因不可抗力或者其他正当理由耽误法定申请期限的，申请期限自障碍消除之日起继续计算。上一级房地产行政主管部门收到行政复议申请后，应当在 5 日内进行审查，对不符合法律规定的申请，决定不予受理；对不符合法律规定且不属于本行政机关受理范围的申请,应当告知申请人向有关机关提出申请。行政复议申请自行政复议机关负责法制工作的机构收到申请之日起即为受理。申请人提出行政复议申请,行政复议机关无正当理由不予受理的,上级行政机关应当责令其受理,必要时上级行政机关也可以直接受理。

行政复议机关应当自受理申请之日起 30 日内做出决定,情况复杂,不能在规定期限内做出决定的,经行政复议机关的负责人批准,可以适当延长行政复议期限,但延长的期限最多不超过 30 日。

行政复议机关决定不予受理或者受理后超过行政复议期限不作答复的,申请人可自收到不予受理决定书之日起或行政复议期满 15 日内,向人民法院提起行政诉讼。除特殊情况外,行政复议期内具体行政行为不停止执行。

7.10 房屋租赁纠纷采取仲裁方式解决有哪些优越性?

(1) 公正性

主要体现在三个方面:

其一,仲裁机构作为一个独立的非官方机构,仲裁案件不受任何干涉;

其二,仲裁不实行级别管辖和地域管辖,不受地方保护主义的干扰;

其三,仲裁员是来自各方面的专家和学者,广泛性和专业性相结合,有利于提高仲裁办案质量,保证仲裁的公正性。

(2) 自愿性

仲裁纠纷实行当事人自愿原则和或裁或审制度,且不受地域限制。只要双方当事人愿意,就可以选择双方当事人信任的仲裁机构解决纠纷。而且,还可以选择双方当事人信任的仲裁员、双方当事人愿意的开庭方式和审理方式。没有仲裁协议,一方申请仲裁的,仲裁机构不予受理;当事人达成仲裁协议,一方向人民法院起诉的,法院不予受理。

(3) 保密性

仲裁一般不公开审理，可为当事人保守商业秘密，维护当事人的形象和声誉。

(4) 权威性

仲裁不实行级别管辖，一裁终局。裁决书一经作出、调解书一经双方当事人签收，即发生法律效力。当事人应当履行裁决；一方不履行的，另一方可申请人民法院强制执行。

(5) 及时性

按照有关规定，仲裁机构原则上在仲裁庭组成之日起四个月内作出裁决，而且一裁终局。当事人对仲裁裁决不服，不得再向法院起诉。

7.11 如何签订有效的仲裁协议？

双方当事人以仲裁方式解决房屋租赁纠纷时，不能简单地约定"以仲裁方式解决争议"，而必须在合同中明确地表达出请求仲裁的意思表示，确定仲裁事项并选定仲裁委员会。有效的仲裁协议必须具备以下内容：

(1) 请求仲裁的意思表示

首先，申请仲裁的意思表示明确，最主要是要求通过该意思表示，可以得出当事人排除司法管辖而选择仲裁解决争议的结论。而"因本合同引起的争议由双方协商解决，协商不成的，提交某仲裁机构仲裁或者向法院起诉"等，就是请求仲裁的意思表示不明确的约定。

其次，必须是双方当事人共同的意思表示，而不是一方当事人的意思表示。不能证明是双方当事人的意思表示的仲裁协议是无效的。

再次，请求仲裁的意思表示必须真实，不存在当事人被胁迫、欺诈等而订立仲裁协议的情况，否则，仲裁协议无效。

最后，请求仲裁的意思表示必须是双方当事人自己的意思表示，而不是任何其他人的意思表示。如上级主管部门不能代替当事人订立仲裁协议。

(2) 仲裁事项

即当事人提交仲裁的具体争议事项。它解决的是"仲裁什么"的问题。在仲裁实践中,当事人只有把订立于仲裁协议中的争议事项提交仲裁,仲裁机构才能受理。同时,仲裁事项也是仲裁庭审理和裁决纠纷的范围。即仲裁庭只能在仲裁协议确定的仲裁事项的范围内进行仲裁,超出这一范围进行仲裁,所作出的仲裁裁决,经一方当事人申请,法院可以不予执行或者撤销。因此,在具体约定时,对于未来可能性争议事项要提交仲裁,应尽量避免在仲裁协议中作限制性规定,包括争议性质上的限制、金额上的限制以及其他具体事项的限制,采用宽泛的约定,如可以笼统地约定"因本合同引起的争议",可能更有利于仲裁机构全面、迅速地审理纠纷。需注意的是,仲裁的事项必须发生在平等的主体之间,应当由行政机关处理的行政争议不在仲裁的范围之列。

(3) 选定仲裁委员会

按照我国《仲裁法》的规定,仲裁委员会可以在直辖市和省、自治区人民政府所在地的市设立,也可以根据需要在其他设区的市设立,仲裁委员会不实行级别管辖和地域管辖。到底由哪个仲裁委员会裁决争议,完全由当事人自己选定。当事人可以选择本地的仲裁机构,也可以选定双方共同信任的其他地方的仲裁机构。对选定的仲裁委员会的约定必须明确、清晰,保证其惟一性。

7.12 什么是无效的仲裁协议?

有下列情形之一的,房屋租赁纠纷仲裁协议无效:

(1) 约定的仲裁事项超出法律规定的仲裁范围的;

(2) 无民事行为能力人或者限制民事行为能力人订立的;

(3) 一方采取胁迫手段,迫使对方与其订立的;

(4) 对仲裁事项或者仲裁委员会没有约定或者约定不明确且

双方当事人达不成补充协议的。

7.13 仲裁协议对纠纷当事人、法院及仲裁机构有何约束力？

对于纠纷当事人而言，房屋租赁纠纷仲裁协议为双方当事人设定的义务，不得任意变更、终止或撤销。合法有效的仲裁协议对双方当事人诉权的行使产生一定的限制，在当事人双方发生了约定的争议时，任何一方只能将争议提交仲裁，而不能向人民法院起诉。

对于人民法院来说，房屋租赁纠纷仲裁协议具有排除其诉讼管辖的作用，任何一方当事人向其起诉的，应当告知其向约定的仲裁机构申请仲裁。一方当事人向人民法院起诉时未声明有房屋租赁纠纷仲裁协议，人民法院受理后，另一方当事人在首次开庭前提交房屋租赁纠纷仲裁协议的，人民法院应当驳回起诉，但房屋租赁纠纷仲裁协议无效的除外；另一方当事人在首次开庭前未对人民法院受理该案提出异议的，视为双方当事人放弃房屋租赁纠纷仲裁协议，人民法院应当继续审理。

对仲裁机构而言，房屋租赁纠纷仲裁协议是其受理仲裁申请的依据。

房屋租赁纠纷仲裁协议独立存在，合同的变更、解除、终止或者无效，不影响仲裁协议的效力。仲裁庭有权确认仲裁协议的效力。任何一方当事人对房屋租赁纠纷仲裁协议的效力有异议的，应当在仲裁庭首次开庭前提出，请求仲裁委员会做出决定或者请求人民法院做出裁定。一方请求仲裁委员会做出决定，另一方请求人民法院做出裁定的，由人民法院裁定。

7.14 仲裁裁决可以强制执行吗？

裁决书自做出之日起发生法律效力。房屋租赁纠纷双方当事人应当履行，一方当事人不履行的，另一方当事人可以依照《中华人民共和国民事诉讼法》的有关规定向人民法院申请强制执行。受申请的人民法院应当负责执行。

7.15 哪些情况下会导致人民法院撤销仲裁裁定？

房屋租赁纠纷当事人一方或双方提出证据证明仲裁裁决有下列情形之一的，可以自收到裁决书之日起 6 个月内向仲裁委员会所在地的中级人民法院申请撤销仲裁裁决：

(1) 没有房屋租赁纠纷仲裁协议的；

(2) 仲裁裁决的事项不属于房屋租赁纠纷仲裁协议的范围或者仲裁委员会无权仲裁的；

(3) 仲裁庭的组成或者仲裁的程序违反法定程序的；

(4) 仲裁裁决所根据的证据是伪造的；

(5) 对方当事人隐瞒了足以影响公正裁决的证据的；

(6) 仲裁员在仲裁该案时有索贿受贿，徇私舞弊，枉法裁决行为的。

房屋租赁纠纷的一方当事人申请执行仲裁裁决，另一方当事人申请撤销仲裁裁决的，人民法院应当裁定中止执行。人民法院裁定撤销仲裁裁决的，应当裁定终结执行。撤销仲裁裁决的申请被人民法院裁定驳回的，人民法院应当裁定恢复执行。

7.16 人民法院在审理房屋租赁纠纷案件时应当遵循哪些原则？

民事诉讼是解决房屋租赁纠纷的司法手段，具有强制性和最终性。它与诉讼外调解、仲裁等解决纠纷的手段不同，无需双方当事人自愿，只要一方当事人起诉，另一方当事人就只能被动地参加诉讼，而且诉讼的结果是由人民法院做出裁判，最终的生效裁判双方当事人都必须服从并履行。一方当事人不履行的，另一方当事人可以申请人民法院强制执行。

根据《中华人民共和国民事诉讼法》的规定，人民法院在审理房屋租赁纠纷民事案件时应当遵循以下原则：

(1) 双方当事人诉讼权利平等的原则

即原告与被告具有平等的诉讼地位；实体权利的享有者与实

体义务的承担者具有平等的诉讼地位；具有不同社会身份的人诉讼地位平等；具有不同国籍、无国籍的当事人诉讼地位平等。

（2）人民法院调解自愿和合法的原则

人民法院在审理房屋租赁纠纷民事案件时，要多做说服教育和疏导工作，尽量促使双方当事人达成和解协议，以便快速、有效地解决房屋租赁纠纷。

（3）当事人有权辩论的原则

当事人有权辩论的原则是指在人民法院主持下，当事人有权就房屋租赁纠纷案件的事实和所争议的问题，各自陈述自己的主张和根据，互相进行反驳和答辩，以维护自己的合法权益。

（4）处分原则

房屋租赁纠纷民事诉讼双方当事人有权在法律规定的范围内各自处分自己的民事权利和诉讼权利。即在法律规定的范围内对于自己的合法民事权利和诉讼权利可以行使，也可以放弃。

7.17 《民事诉讼法》对起诉和受理有哪些规定？

房屋租赁纠纷案件只有通过起诉和受理，才能进入民事诉讼程序。起诉是一方当事人以自己的名义请求人民法院通过审判来保护自己合法权益的一种诉讼行为。根据《民事诉讼法》第一百零八条规定，起诉必须符合下列条件：

（1）原告是与本案有直接利害关系的自然人、法人或其他组织；

（2）有明确的被告；

（3）有具体的诉讼请求和事实、理由；

（4）属于人民法院受理民事诉讼案件的范围和受诉人民法院管辖范围。

起诉的房屋租赁纠纷当事人应当递交起诉状。起诉状应载明：当事人的基本情况，诉讼请求和所依据的事实和理由，证据和证据来源，证人姓名和住所。

人民法院收到起诉状后经审查，认为符合起诉条件的，应在

7日内立案受理，并通知房屋租赁纠纷当事人；认为不符合条件或超过诉讼时效期间的，应在7日内裁定不予受理。原告对裁定不服的，可以向上一级人民法院提起上诉。

7.18 如果租住公房的出租人和承租人发生了纠纷，出租人有权起诉吗？

对于出租人租住公房然后转租给承租人的情况，如果出租人事前征得了单位的同意，那么出租人就有权起诉承租人，要求他支付房租、违约金和损害赔偿金。如果出租人没有征得单位的同意私自转租，那么出租人就只能请求法院判决合同无效，然后要求承租人搬出，并支付房屋的使用费了。

对于出租人已经购买的公房，因为出租人是房屋的所有人，所以，他当然有权提起诉讼，要求承租人履行合同，支付租金和违约金，并且赔偿损失。

7.19 人民法院需在开庭前做好哪些准备工作？

人民法院在立案受理后，应当做好审理前的准备工作：

（1）人民法院审理第一审房屋租赁纠纷案件，除适用简易程序或特别程序的案件实行独任制外，一般应由审判员、陪审员共同组成合议庭，并在3日内告知房屋租赁纠纷双方当事人，以便于他们及时决定是否提出回避申请。

（2）按规定将起诉状副本发送被告，被告提出答辩状的，法院应按规定将答辩状副本送达原告。

（3）审判人员应认真审核诉讼材料，调查收集当事人及其诉讼代理人因客观原因无法提供的或人民法院认为审理案件需要的证据，人民法院有权向有关单位和个人调查取证，有关单位和个人不得拒绝。

7.20 开庭审理的程序是怎么样的？

开庭审理是人民法院在房屋租赁纠纷双方当事人及其他诉讼

参与人参加下，对案件进行实体审理的诉讼活动过程。开庭审理包括以下几个阶段：

(1) 法庭调查

进行法庭调查是开庭审理的中心环节，是对案件进行实体审理的主要阶段，其任务是对案件进行直接、全面调查，在法庭上出示、核实各种诉讼证据，并由双方当事人互相质证。审判人员如果认为案情已经查清，即可终结法庭调查。

(2) 法庭辩论

双方当事人及其诉讼代理人应根据法庭调查查明的事实，就其主张的理由和适用的法律依据进行辩论。最后由审判长宣布辩论终结，并按顺序征询各方的最后意见。

(3) 法庭调解

审判长可以征询双方当事人的调解意愿，在自愿、合法基础上，双方达成调解协议的，法庭应告知他们调解书送达签收后，即具有法律效力，并不得上诉。

(4) 评议和宣判

法庭辩论后调解不成的，合议庭应当休庭进行评议，实行少数服从多数原则。评议应当制作笔录，由合议庭成员签名，评议中的不同意见必须如实记入笔录。合议庭做出的判决，可以当庭宣判，也可以定期宣判。

7.21 如何进行上诉？

房屋租赁纠纷当事人不服人民法院第一审判决的，上诉期限为 15 日；不服第一审裁定的，上诉期限为 10 日。在二审程序中一般以开庭审理为原则，以迳行判决或裁定为例外。第二审人民法院应当对上诉请求的有关事实和适用法律进行审查，经合议庭评议后可以依法分别对不同情况做出二审判决：对原审认定事实清楚、适用法律正确的，判决驳回上诉，维持原判；原判适用法律错误的，依法改判；原判认定事实错误或原判认定事实不清、证据不足的，裁定撤销原判决，发回原审法院重新审理，或在查

第7章 房屋租赁纠纷的处理

清事实后依法改判;原判决违反法定程序,可能影响案件的正确判决的,裁定撤销原判,发回原审人民法院重新审理;房屋租赁纠纷当事人对发回重审的案件,可以上诉。

第二审人民法院在审理上诉房屋租赁纠纷案件中,可以进行调解,调解书送达签收后,原审人民法院判决即视为撤销。第二审人民法院的判决是终审判决,判决书送达后即发生法律效力,房屋租赁纠纷的任何一方当事人不得再行上诉。

7.22 什么叫做申诉,如何进行?

房屋租赁纠纷一方或双方当事人对已经发生法律效力的调解书、判决书和裁定书认为有错误的,可以申请再审。经人民法院审查,符合法定再审条件的,应当再审。当事人申请再审应在判决、裁定发生效力后2年内提出。它不同于有审判监督权的法定机关和人员提起的再审,再审期间并不停止原裁判的执行。

7.23 一方拒不执行法院判决的,该怎么办?

一方拒不执行法院判决,权利人可申请法院执行。申请执行的期限,房屋租赁纠纷当事人双方或一方是自然人的为1年,双方都是法人或其他组织的为6个月。执行人员在接到申请执行书或移送执行书后,应当向被执行人发出通知,责令其在指定期间内履行,逾期不履行的即可强制执行。

7.24 租赁双方或一方要去法院起诉,有时效限制吗?

诉讼时效是指民事权利受到侵害的权利人在法定的时效期间内不行使权利,当时效期间届满时,即丧失了请求人民法院依诉讼程序强制义务人履行义务之权利的制度。我国的《民法通则》规定了两类诉讼时效。

其一,普通诉讼时效。是指普遍适用于法律没有做特别诉讼时效规定的各种民事法律关系的时效,自知道或应当知道权利被侵犯之日起算,期间为2年。一般的房屋租赁纠纷都适用普通诉讼时效的规定。

其二,特别诉讼时效。是指由《民法通则》或特别法就民事法律关系规定的短于或长于普通诉讼时效期间的时效。

需要注意的是,下列房屋租赁纠纷适用特别诉讼时效,诉讼时效期间为1年:

(1) 承租人在租赁房屋内因身体受到伤害要求赔偿而引发的纠纷;

(2) 因延付或拒付租金而引发的纠纷;

(3) 因在租赁房屋内寄存的财物被丢失或者损毁而引发的纠纷。

7.25 超过了诉讼时效,会有什么后果吗?

诉讼时效届满后,房屋租赁纠纷的权利人丧失了胜诉权,虽然仍有权向法院起诉,只是在没有诉讼时效期间中止、中断或延长事由的情况下,很难胜诉。而且诉讼时效届满后,权利人不仅对主权利丧失了胜诉权,而且对附属于主权利的从权利也产生同样的效果。同时义务人可以以此抗辩,拒绝履行义务。本来诉讼时效制度的建立就是为了促使当事人积极行使自己的诉权,因此,租赁双方千万小心了,千万不要因为超过了诉讼时效而使自己的权利得不到保障。

那么一旦义务人由于某些原因又自愿履行义务了,该怎么办?原来,诉讼时效届满后,权利人的实体权利并不丧失,义务人自愿履行的,不受诉讼时效的限制。义务人履行义务后,又以超过诉讼时效为由反悔的,法院是不予支持的。

7.26 什么叫诉讼时效期间的中止?

诉讼时效期间的中止,又称诉讼时效期间不完成,是指在诉讼时效期间进行中,因发生一定的法定事由使权利人不能行使请求权,暂时停止计算诉讼时效期间,待阻碍时效期间进行的法定事由消除后,继续进行诉讼时效期间的计算。

根据《民法通则》第一百三十九条的规定，不可抗力和其他障碍为诉讼时效期间中止的法定事由。不可抗力为不能预见、不能避免和不能克服的客观情况。房屋租赁纠纷发生后，权利人主观上要求行使权利，但因不可抗力而客观上无法行使，法律予之以诉讼时效期间中止作为救济手段。其他障碍主要包括如下情况：

（1）权利人为无行为能力人、限制行为能力人且无法定代理人或法定代理人已死亡或丧失行为能力；

（2）继承开始后，没有确定继承人或遗产管理人；

（3）其他情形。

诉讼时效期间可以中止的时间，为诉讼时效期间的最后6个月。在时效期间最后6个月前的期间发生法定中止事由的，并不能使诉讼时效期间中止，因为此时权利人还有足够的时间行使权利。只有法定中止事由发生于最后6个月内时，才可使诉讼时效期间中止。因为此时发生法定中止事由，可能导致权利人无足够的时间行使权利。

诉讼时效期间中止后，中止的期间不计入时效期间内。待中止事由消除后，时效期间继续进行，与中止前已经过的时效期间合并计入总的时效期间。

7.27 什么叫诉讼时效期间的中断？

诉讼时效期间中断，是指在诉讼时效进行期间，因发生一定的法定事由，使已经经过的时效期间统归无效，待时效期间中断的事由消除后，诉讼时效期间重新计算。房屋租赁纠纷中导致诉讼时效期间中断的法定事由主要有以下几种：

（1）提起诉讼

起诉表明房屋租赁纠纷权利人正在积极地行使自己的权利，使诉讼时效失去适用理由，因而使诉讼时效期间中断。起诉的性质即为权利人主张权利的保护。基于这一性质，应对提起诉讼做扩张性解释，使其不仅包括权利人向法院起诉的行为，而且包括权利人具有同样性质的其他行为,如向有关行政管理机关提出保护权利的请求,向法院申请强制执行,依督促程序向法院申请支付令,向仲裁机构申请仲裁,向人民调解委员会请求调解等。但权利人起诉后又自行撤诉,或因起诉不合法被法院驳回的,不构成提起诉讼,不能使诉讼时效期间中断。

(2) 权利人主张权利

指房屋租赁纠纷权利人向义务人、保证人、义务人的代理人或财产代管人主张权利或向清算人申报破产债权等。权利人主张权利是其积极行使权利的行为,因而使诉讼时效期间中断。

(3) 同意履行义务

即房屋租赁纠纷义务人对权利人表示承认其权利的存在,愿意履行义务。义务人对权利人的承认表示可以各种方式做出。以口头或书面方式对权利人或其代理人做出通知、请求延期给付、提供担保、支付利息或租金、清偿部分债务等义务人的行为,在法律上都构成同意履行义务,都可以使诉讼时效期间中断。

7.28 什么叫诉讼时效期间的延长?

通常情况下,房屋租赁纠纷权利人在诉讼时效期间内不行使权利,于时效期间届满后,向法院要求保护权利的,法院不予支持。但有的权利人在诉讼时效期间内未能行使权利确有正当原因,其原因不包括在使时效期间中止、中断的法定事由内,严格适用诉讼时效期间将造成不公。针对上述情况,依据《民法通则》第一百三十七条规定,有特殊情况的,人民法院可以延长诉讼时效期间,以便保护特殊情况下权利人由于特殊原因未能及时行使的权利,避免造成不公平的结果。

在房屋租赁纠纷中,诉讼时效期间的延长,是对诉讼时效期间中止和中断的补充。由于中止和中断的事由倾向于采取法定主义,不可能包罗所有使房屋租赁纠纷权利人不能及时行使权利,但又有正当理由的情况,因此法律特别设立诉讼时效期间的延长制度予以平衡,由法官行使自由裁量权以弥补立法列举式规定的不足。

7.29 房屋租赁纠纷案件的管辖法院是如何确定的？

首先，打官司要选择级别合适的法院，这在法律上又称为级别管辖。除了重大涉外案件，或在本辖区有重大影响的案件，一般的一审房屋租赁纠纷都归基层法院管辖。如果仍搞不清由哪一级法院管辖，可以到基层法院去起诉，基层法院的法官在审查后会告知应当到哪一级法院去起诉。

其次，需要确定到哪个地方的法院起诉，这在法律上又称为地域管辖。对于凡在租赁关系存续期间发生的房屋修缮、租金、腾退等纠纷，一般应由房屋所在地法院管辖，个别由被告所在地法院管辖更符合"两便"原则的，也可由被告户籍地或居所地法院管辖。

附录一 房屋租赁相关法律法规

1.《城镇最低收入家庭廉租住房申请、审核及退出管理办法》(2005.10.01)

2.《城镇廉租住房租金管理办法》(2005.05.01)

3.《关于进一步加强和改进出租房屋管理工作有关问题的通知》(2004.11.12)

4.《建设部关于修改〈城市危险房屋管理规定〉的决定》(2004.07.20)

5.《危险房屋鉴定标准》(1986.04.11)

6.《城镇最低收入家庭廉租住房管理办法》(2004.03.01)

7.《无照经营查处取缔办法》(2003.03.01)

8.《城市房地产中介服务管理规定》(2001.08.15)

9.《财政部、国家税务总局关于调整住房租赁市场税收政策的通知》(2001.01.01)

10.《关于在京中央和国家机关行政事业单位提高房租增发补贴的补充通知》(1999.12.24)

11.《中华人民共和国合同法》(租赁合同篇)(1999.10.01)

12.《国家税务总局关于加强对出租房屋房产税征收管理的通知》(1998.11.10)

13.《最高人民法院印发〈关于审理离婚案件中公房使用、承租若干问题的解答〉的通知》(1996.02.05)

14.《城市房屋租赁管理办法》(1995.06.01)

15.《建设部关于贯彻实施〈城市房屋租赁管理办法〉的通知》(1995.07.24)

16.《国家计委建设部关于房地产中介服务收费的通知》(1995.07.17)

17.《公安部关于实施〈租赁房屋治安管理规定〉有关问题的通知》(1995.05.04)

18.《租赁房屋治安管理规定》(1995.03.06)

19.《中华人民共和国房产税暂行条例》(1986.09.15)

20.《财政部税务总局关于房产税若干具体问题的解释和暂行规定》(1986.09.25)

21.《最高人民法院关于房屋租赁纠纷如何确定管辖问题的批复》(1986.01.07)

22.《城市私有房屋管理条例》(1983.12.17)

附录二　中华人民共和国合同法
（第十三章　租赁合同）

第二百一十二条　租赁合同是出租人将租赁物交付承租人使用、收益，承租人支付租金的合同。

第二百一十三条　租赁合同的内容包括租赁物的名称、数量、用途、租赁期限、租金及其支付期限和方式、租赁物维修等条款。

第二百一十四条　租赁期限不得超过二十年。超过二十年的，超过部分无效。

租赁期间届满，当事人可以续订租赁合同，但约定的租赁期限自续订之日起不得超过二十年。

第二百一十五条　租赁期限六个月以上的，应当采用书面形式。当事人未采用书面形式的，视为不定期租赁。

第二百一十六条　出租人应当按照约定将租赁物交付承租人，并在租赁期间保持租赁物符合约定的用途。

第二百一十七条　承租人应当按照约定的方法使用租赁物。对租赁物的使用方法没有约定或者约定不明确，依照本法第六十一条的规定仍不能确定的，应当按照租赁物的性质使用。

第二百一十八条　承租人按照约定的方法或者租赁物的性质使用租赁物，致使租赁物受到损耗的，不承担损害赔偿责任。

第二百一十九条　承租人未按照约定的方法或者租赁物的性质使用租赁物，致使租赁物受到损失的，出租人可以解除合同并要求赔偿损失。

第二百二十条 出租人应当履行租赁物的维修义务，但当事人另有约定的除外。

第二百二十一条 承租人在租赁物需要维修时可以要求出租人在合理期限内维修。出租人未履行维修义务的，承租人可以自行维修，维修费用由出租人负担。因维修租赁物影响承租人使用的，应当相应减少租金或者延长租期。

第二百二十二条 承租人应当妥善保管租赁物，因保管不善造成租赁物毁损、灭失的，应当承担损害赔偿责任。

第二百二十三条 承租人经出租人同意，可以对租赁物进行改善或者增设他物。

承租人未经出租人同意，对租赁物进行改善或者增设他物的，出租人可以要求承租人恢复原状或者赔偿损失。

第二百二十四条 承租人经出租人同意，可以将租赁物转租给第三人。承租人转租的，承租人与出租人之间的租赁合同继续有效，第三人对租赁物造成损失的，承租人应当赔偿损失。

承租人未经出租人同意转租的，出租人可以解除合同。

第二百二十五条 在租赁期间因占有、使用租赁物获得的收益，归承租人所有，但当事人另有约定的除外。

第二百二十六条 承租人应当按照约定的期限支付租金。对支付期限没有约定或者约定不明确，依照本法第六十一条的规定仍不能确定，租赁期间不满一年的，应当在租赁期间届满时支付；租赁期间一年以上的，应当在每届满一年时支付，剩余期间不满一年的，应当在租赁期间届满时支付。

第二百二十七条 承租人无正当理由未支付或者迟延支付租金的，出租人可以要求承租人在合理期限内支付。承租人逾期不支付的，出租人可以解除合同。

第二百二十八条 因第三人主张权利，致使承租人不能对租赁物使用、收益的，承租人可以要求减少租金或者不支付租金。

第三人主张权利的，承租人应当及时通知出租人。

第二百二十九条 租赁物在租赁期间发生所有权变动的，不影响租赁合同的效力。

第二百三十条 出租人出卖租赁房屋的，应当在出卖之前的合理期限内通知承租人，承租人享有以同等条件优先购买的权利。

第二百三十一条　因不可归责于承租人的事由，致使租赁物部分或者全部毁损、灭失的，承租人可以要求减少租金或者不支付租金；因租赁物部分或者全部毁损、灭失，致使不能实现合同目的的，承租人可以解除合同。

第二百三十二条　当事人对租赁期限没有约定或者约定不明确，依照本法第六十一条的规定仍不能确定的，视为不定期租赁。当事人可以随时解除合同，但出租人解除合同应当在合理期限之前通知承租人。

第二百三十三条　租赁物危及承租人的安全或者健康的，即使承租人订立合同时明知该租赁物质量不合格，承租人仍然可以随时解除合同。

第二百三十四条　承租人在房屋租赁期间死亡的，与其生前共同居住的人可以按照原租赁合同租赁该房屋。

第二百三十五条　租赁期间届满，承租人应当返还租赁物。返还的租赁物应当符合按照约定或者租赁物的性质使用后的状态。

第二百三十六条　租赁期间届满，承租人继续使用租赁物，出租人没有提出异议的，原租赁合同继续有效，但租赁期限为不定期。

附录三　城市房屋租赁管理办法

第一条　为加强城市房屋租赁管理，维护房地产市场秩序，保障房屋租赁当事人的合法权益，根据《中华人民共和国城市房地产管理法》，制定本办法。

第二条　本办法适用于直辖市、市、建制镇的房屋租赁。

第三条　房屋所有权人将房屋出租给承租人居住或提供给他人从事经营活动及以合作方式与他人从事经营活动的，均应遵守本办法。

承租人经出租人同意，可以依照本办法将承租房屋转租。

第四条　公民、法人或其他组织对享有所有权的房屋和国家授权管理和经营的房屋可以依法出租。

第五条　房屋租赁当事人应当遵循自愿、平等、互利的原则。

第六条　有下列情形之一的房屋不得出租：

（一）未依法取得房屋所有权证的；

（二）司法机关和行政机关依法裁定、决定查封或者以其他形式限制房地产权利的；

（三）共有房屋未取得共有人同意的；

（四）权属有争议的；

（五）属于违法建筑的；

（六）不符合安全标准的；

（七）已抵押，未经抵押权人同意的；

（八）不符合公安、环保、卫生等主管部门有关规定的；

（九）有关法律、法规规定禁止出租的其他情形。

第七条 住宅用房的租赁，应当执行国家和房屋所在地城市人民政府规定的租赁政策。

租用房屋从事生产、经营活动的，由租赁双方协商议定租金和其他租赁条款。

第八条 国务院建设行政主管部门主管全国城市房屋租赁管理工作。

省、自治区建设行政主管部门主管本行政区域内城市房屋租赁管理工作。

直辖市、市、县人民政府房地产行政主管部门（以下简称房地产管理部门）主管本行政区域内的城市房屋租赁管理工作。

第九条 房屋租赁，当事人应当签订书面租赁合同。租赁合同应当具备以下条款：

（一）当事人姓名或者名称及住所；

（二）房屋的坐落、面积、装修及设施状况；

（三）租赁用途；

（四）租赁期限；

（五）租金及交付方式；

（六）房屋修缮责任；

（七）转租的约定；

（八）变更和解除合同的条件；

（九）当事人约定的其他条款。

第十条 房屋租赁期限届满，租赁合同终止。承租人需要继续租用的，应当在租赁期限届满前3个月提出，并经出租人同意，重新签订租赁合同。

第十一条 租赁期限内，房屋出租人转让房屋所有权的，房屋受让人应当继续履行原租赁合同的规定。

出租人在租赁期限内死亡的，其继承人应当继续履行原租赁合同。

住宅用房承租人在租赁期限内死亡的，其共同居住两年以上的家庭成员可以继续承租。

第十二条 有下列情形之一的，房屋租赁当事人可以变更或者解除租赁合同：

（一）符合法律规定或者合同约定可以变更或解除合同条款的；

（二）因不可抗力致使合同不能继续履行的；

（三）当事人协商一致的。

因变更或者解除租赁合同使一方当事人遭受损失的，除依法可以免责任的以外，应当由责任方负责赔偿。

第十三条 房屋租赁实行登记备案制度。

签订、变更、终止租赁合同的，当事人应当向房屋所在地直辖市、市、县人民政府房地产管理部门登记备案。

第十四条 房屋租赁当事人应当在租赁合同签订后 30 日内，持本办法第十五条规定的文件到直辖市、市、县人民政府房地产管理部门办理登记备案手续。

第十五条 申请房屋租赁登记备案应当提交下列文件：

（一）书面租赁合同；

（二）房屋所有权证书；

（三）当事人的合法证件；

（四）城市人民政府规定的其他文件。

出租共有房屋，还须提交其他共有人同意出租的证明。

出租委托代管房屋，还须提交委托代管人授权出租的证明。

第十六条 房屋租赁申请经直辖市、市、县人民政府房地产管理部门审查合格后，颁发《房屋租赁证》。

县人民政府所在地以外的建制镇的房屋租赁申请，可由直辖市、市、县人民政府房地产管理部门委托的机构审查，并颁发《房屋租赁证》。

第十七条 《房屋租赁证》是租赁行为合法有效的凭证。租用房屋从事生产、经营活动的，《房屋租赁证》作为经营场所合法的凭证。租用房屋用于居住的，《房屋租赁证》可作为公安部门办理户口登记的凭证之一。

第十八条 严禁伪造、涂改、转借、转让《房屋租赁证》。遗失《房屋租赁证》应当向原发证机关申请补发。

第十九条 房屋租赁当事人按照租赁合同的约定，享有权利，并承担相应的义务。

出租人在租赁期限内，确需提前收回房屋时，应当事先征得承租人同意，给承租人造成损失的，应当予以赔偿。

第二十条 出租人应当依照租赁合同约定的期限将房屋交付承租人，不能按期交付的，应当支付违约金；给承租人造成损失的，应当承担赔偿责任。

第二十一条 出租住宅用房的自然损坏或合同约定由出租人修缮的，由出租人负责修复。不及时修复，致使房屋发生破坏性事故，造成承租人财产损失或者人身伤害的，应当承担赔偿责任。

租用房屋从事生产、经营活动的，修缮责任由双方当事人在租赁合同中约定。

第二十二条 承租人必须按期缴纳租金，违约的，应当支付违约金。

第二十三条 承租人应当爱护并合理使用所承租的房屋及附属设施，不得擅自拆改、扩建或增添。确需变动的，必须征得出租人的同意，并签订书面合同。

因承租人过错造成房屋损坏的，由承租人负责修复或者赔偿。

第二十四条 承租人有下列行为之一的，出租人有权终止合同，收回房屋，因此而造成损失的，由承租人赔偿：

（一）将承租的房屋擅自转租的；

（二）将承租的房屋擅自转让、转借他人或擅自调换使用的；

（三）将承租的房屋擅自拆改结构或改变用途的；

（四）拖欠租金累计六个月以上的；

（五）公有住宅用房无正当理由闲置六个月以上的；

（六）利用承租房屋进行违法活动的；

（七）故意损坏承租房屋的；

（八）法律、法规规定其他可以收回的。

第二十五条 以营利为目的，房屋所有权人将以划拨方式取得使用权的国有土地上建成的房屋出租的，应当将租金中所含土地收益上缴国家。土地收益的上缴办法，应当按照财政部《关于国有土地使用权有偿使用收入征收管理的暂行办法》和《关于国有土地使用权有偿使用收入若干财政问题的暂行规定》的规定，由直辖市、市、县人民政府房地产管理部门代收代缴，国务院颁布新的规定时，从其规定。

第二十六条 房屋转租，是指房屋承租人将承租的房屋再出租的行为。

第二十七条 承租人在租赁期限内，征得出租人同意，可以将承租房屋的部分或全部转给他人。

出租人可以从转租中获得收益。

第二十八条 房屋转租,应当订立转租合同。转租合同必须经原出租人书面同意,并按照本办法的规定办理登记备案手续。

第二十九条 转租合同的终止日期不得超过原租赁合同规定的终止日期,但出租人与转租双方协商约定的除外。

第三十条 转租合同生效后,转租人享有并承担转租合同规定的出租人的权利和义务,并且应当履行原租赁合同规定的承租人的义务,但出租人与转租双方另有约定的除外。

第三十一条 转租期间,原租赁合同变更、解除或者终止,转租合同也随之相应的变更、解除或者终止。

第三十二条 违反本办法有下列行为之一的,由直辖市、市、县人民政府房地产管理部门对责任者给予行政处罚:

(一)伪造、涂改《房屋租赁证》的,注销其证书,并可处以罚款;

(二)不按期申报、领取《房屋租赁证》的,责令限期补办手续,并可处以罚款;

(三)未征得出租人同意和未办理登记备案手续,擅自转租房屋的,其租赁行为无效,没收非法所得,并可处以罚款。

第三十三条 违反本办法,情节严重、构成犯罪的,由司法机关依法追究刑事责任。

第三十四条 房屋租赁管理工作人员徇私舞弊、贪污受贿的,由所在机关给予行政处分;情节严重、构成犯罪的,由司法机关依法追究刑事责任。

第三十五条 未设镇建制的工矿区、国有农场、林场等房屋租赁,参照本办法执行。

第三十六条 省、自治区建设行政主管部门、直辖市人民政府房地产管理部门可以根据本办法制定实施细则。

第三十七条 本办法由建设部负责解释。

第三十八条 本办法自1995年6月1日起施行。

附录四 租赁房屋治安管理规定

第一条 为加强租赁房屋的治安管理,做好安全防范,保护租赁双方的合法权益,特制定本规定。

第二条 本规定所称的租赁房屋,是指旅馆业以外以营利为目的,公民私有和单位所有出租用于他人居住的房屋。

第三条 公安机关对租赁房屋实行治安管理,建立登记、安全检查等管理制度。

第四条 城镇街道居民委员会、村民委员会及其治安保卫委员会,应当协助公安机关做好租赁房屋的安全防范、法制宣传教育和治安管理工作。

第五条 出租的房屋,其建筑、消防设备、出入口和通道等,必须符合消防安全和治安管理规定;危险和违章建筑的房屋,不准出租。

第六条 私有房屋出租的,出租人须持房屋所有权证或者其他合法证明、居民身份证、户口簿,向房屋所在地公安派出所申请登记;单位房屋出租的,出租人须持房屋所有权证、单位介绍信,到房屋所在地公安派出所申请登记,经审核符合本规定出租条件的,由出租人向公安派出所签订治安责任保证书。

第七条 房屋出租人的治安责任:

(一)不准将房屋出租给无合法有效证件的承租人;

(二)与承租人签订租赁合同,承租人是外来暂住人员的,应当带领其到公安派出所申报暂住户口登记,并办理暂住证;

(三)对承租人的姓名、性别、年龄、常住户口所在地、职业或者主要经济来源、服务处所等基本情况进行登记并向公安派出所备案;

(四)发现承租人有违法犯罪活动或者有违法犯罪嫌疑的,应当及时报告公安机关;

(五)对出租的房屋经常进行安全检查,及时发现和排除不安全隐患,保障承租人的居住安全;

(六)房屋停止租赁的,应当到公安派出所办理注销手续;

(七)房屋出租单位或者个人委托代理人管理出租房屋的,代理人必须遵守有关规定,承担相应责任。

第八条 房屋承租人的治安责任:

(一)必须持有本人居民身份证或者其他合法身份证件;

(二)租赁房屋住宿的外来暂住人员,必须按户口管理规定,在3日内到公安派出所申报暂住户口登记;

(三)将承租房屋转租或者转借他人的,应当向当地公安派出所申报备案;

(四)安全使用出租房屋,发现承租房屋有不安全隐患,应当及时告知出租人予以消除;

（五）承租的房屋不准用于生产、储存、经营易燃、易爆、有毒等危险物品；

（六）集体承租或者单位承租房屋的，应当建立安全管理制度。

第九条 违反本规定的行为，由县（市）公安局或者城市公安分局予以处罚。

（一）出租人未向公安机关办理登记手续或者未签订治安责任保证书出租房屋的，责令限期补办手续并没收非法所得，情节严重的可以并处月租金5倍以下的罚款；

（二）出租人将房屋出租给无合法有效证件承租人的，处以警告、月租金3倍以下的罚款；

（三）出租人不履行治安责任，发现承租人利用所租房屋进行违法犯罪活动或者有违法犯罪嫌疑不制止、不报告，或者发生案件、治安灾害事故的，责令停止出租，可以并处月租金10倍以下的罚款；

（四）承租人将承租房屋转租、转借他人未按规定报告公安机关的，处以警告，没收非法所得；

（五）承租人利用出租房屋非法生产、储存、经营易燃、易爆、有毒等危险物品的，没收物品，处月租金10倍以下罚款。

第十条 对出租或承租的单位违反规定的，依照本规定第九条由县（市）公安局或者城市公安分局予以处罚，同时对单位的主管负责人或者直接责任人处以月工资2倍以下的罚款。

第十一条 违反本规定构成违反治安管理行为的，依照《中华人民共和国治安管理处罚条例》（现为《中华人民共和国治安管理处罚法》）有关规定处罚；构成犯罪的，依法追究刑事责任。

第十二条 被处罚人和单位对依照本规定作出的处罚决定不服的，可以依照《行政复议条例》（现为《中华人民共和国行政复议法》）的有关规定向上一级公安机关申请复议。复议期间，不停止处罚决定的执行。

第十三条 各省、自治区、直辖市公安厅、局可以依据本规定制定实施办法。

第十四条 本规定自发布之日（1995年3月6日）起施行。

附录五 城市私有房屋管理条例
（第四章 租赁）

第十五条 租赁城市私有房屋，须由出租人和承租人签订租赁合同，明确双方的权利和义务,并报房屋所在地房管机关备案。

第十六条 房屋租金,由租赁双方按照房屋所在地人民政府规定的私有房屋租金标准,协商议定;没有规定标准的,由租赁双方根据公平合理的原则,参照房屋所在地租金的实际水平协商议定,不得任意抬高。

出租人除收取租金外,不得收取押租或其他额外费用。承租人应当按照合同规定交租,不得拒交或拖欠。

第十七条 承租人需要与第三者互换住房时,应当事先征得出租人同意;出租人应当支持承租人的合理要求。换房后,原租赁合同即行终止,新承租人与出租人应当另行签订租赁合同。

第十八条 出租人、承租人共同使用的房屋及其设备,使用人应当本着互谅互让、照顾公共利益的原则,共同合理使用和维护。

第十九条 修缮出租房屋是出租人的责任。出租人对房屋及其设备,应当及时、认真地检查、修缮,保障住房安全。

房屋出租人对出租房屋确实无力修缮的,可以和承租人合修。承租人付出的修缮费用可以折抵租金或由出租人分期偿还。

第二十条 租赁合同终止时,承租人应当将房屋退还出租人。如承租人到期确实无法找到房屋,出租人应当酌情延长租赁期限。

第二十一条 承租人有下列行为之一的,出租人有权解除租赁合同:

(一)承租人擅自将承租的房屋转租、转让或转借的;

(二)承租人利用承租的房屋进行非法活动,损害公共利益的;

(三)承租人累计六个月不交租金的。

第二十二条 机关、团体、部队、企业事业单位不得租用或变相租用城市私有房屋。如因特殊需要必须租用,须经县以上人民政府批准。